DEIXE DE SER POBRE!

Diretora-executiva
Renata Sturm

Diretor Financeiro
Guther Faggion

Administração
Alberto Balbino

Edição
Pedro Aranha

Preparação de texto
Gabriela Castro

Direção de Arte
Rafael Bersi, Matheus da Costa

Marketing
Matheus da Costa, Bianca Oliveira

DADOS INTERNACIONAIS DE CATALOGAÇÃO NA PUBLICAÇÃO (CIP)
ANGÉLICA ILACQUA – CRB-8/7057

FELDBERG, Eduardo
Deixe de ser pobre : os segredos para você sair da pindaíba e conquistar sua independência financeira / Eduardo Feldberg. – 2. ed. - São Paulo : Maquinaria Sankto Editora e Distribuidora Ltda, 2024.
176 p.

ISBN 978-85-94484-96-3

1. Desenvolvimento pessoal
2. Finanças
3. Educação financeira I. Título

24-5317 CDD 158.1

ÍNDICES PARA CATÁLOGO SISTEMÁTICO:
1. Desenvolvimento pessoal

maquinaria EDITORIAL

Rua Pedro de Toledo, 129 - Sala 104
Vila Clementino – São Paulo – SP, CEP: 04039-030
www.mqnr.com.br

EDUARDO FELDBERG

DEIXE DE SER POBRE!

OS SEGREDOS PARA VOCÊ SAIR DA PINDAÍBA E CONQUISTAR SUA INDEPENDÊNCIA FINANCEIRA

mqnr

SUMÁRIO

MANUAL PARA DEIXAR DE SER POBRE.

AGRADECIMENTOS

COMO COSTUMO DIZER
NO MEU CANAL:

"Sem Deus, meu canal jamais teria começado.
Sem vocês, meu canal jamais teria continuado."

Se não fosse o sucesso do canal *Primo Pobre* e a mudança inesperada que ele gerou em minha vida, este livro nunca existiria. Agradeço primeiramente a Deus, meu melhor amigo, Rei e Senhor, por ter me concedido o privilégio de me tornar youtuber em tempo integral, e aos milhares de seguidores que sempre me incentivaram a continuar, me ajudando a chegar aonde cheguei.

Eles vivem me agradecendo por estar mudando a vida deles, mas, na verdade, são eles que estão mudando a minha.

INTRODUÇÃO

NÃO QUERO TE IMPRESSIONAR. SÓ QUERO AJUDAR A TRANSFORMAR SUA VIDA FINANCEIRA, MESMO.

Venho por meio deste apresentar-lhes minha primeira obra escrita, fruto de intensa pesquisa, trabalho e dedicação, com o objetivo de auxiliar meus nobres leitores e instruí-los a respeito da suma importância da instrução financeira. Com demasiada diligência, compartilharei com vocês todo o meu *know-how*, adquirido ao longo dos últimos meses, para transformar seu *mindset* e transmitir informações técnicas a respeito do mundo dos investim...

Não. Pera... Não estou gostando disso. Que porcaria de introdução é essa?! Nem parece o Primo Pobre. Vou recomeçar...

Domingo, dia 4 de dezembro de 2022. Depois de mais ou menos 87 anos e meio de enrolação, enfim, consegui parar e sentar minha bunda magra na frente do notebook para escrever meu livro.

Pois é... Quem diria que um dia eu publicaria um livro. E o mais surpreendente: um livro sobre finanças. Se até dezembro de 2020 alguém dissesse que eu publicaria um livro sobre esse assunto, eu perguntaria se a pessoa bebeu 51 ou Velho Barreiro.

Minha formação é como músico, mas o mundo dá voltas, e aqui estamos, você e eu, eu e você. Agora que você gastou alguns trocados para comprar este livro, vai ter que me engolir, pois pobre que se preza não gasta dinheiro à toa.

Este é meu primeiro livro e, a depender do sucesso nas vendas, o último. Espero que não, pois gosto muito de escrever. Quero compartilhar com você tudo que aprendi até hoje com vídeos, livros e, principalmente, com a vida, a respeito de como lidar melhor com dinheiro, como ter mais qualidade de vida e como sair da pobreza, afinal, trabalhar que nem um camelo manco para estar sempre lascado na vida, ninguém merece.

Há alguns meses, comecei a escrever este livro, mas à medida que avançava nos capítulos, percebia que o texto estava parecido demais com a maioria dos livros de finanças e pouquíssimo parecido comigo. Quem assiste aos vídeos do canal *Primo Pobre* sabe o que quero dizer. Meus textos estavam parecendo os de um coach engravatado, quando, na verdade, só quero parecer o velho Duda, aquele besta do YouTube. Apaguei tudo e resolvi recomeçar do zero – algo que tenha realmente a minha cara, a minha linguagem, minhas piadas sem graça, uma dose de impaciência, um xingamento aqui, outro ali (sempre com muito amor envolvido) e todas as características que os seguidores do meu canal já conhecem.

Se não é o seu caso, talvez você estranhe um pouco minha linguagem e algumas ofensas, mas lembre-se de que é tudo para deixar a coisa mais bem-humorada, sem perder a oportunidade de dar um choque de realidade em pessoas que sempre fizeram asneira com o dinheiro. Se, em algum momento daqui para a frente, eu usar termos como burro, jumento e afins, lembre-se de que eu me encaixo no grupo. Sou um eterno aprendiz, tentando reduzir meu grau de burrice a cada dia.

O que mais me motivou a escrever este livro foi a indignação. Indignação com o fato de muita gente boa trabalhar demais o tempo todo para, no final das contas, ter uma vida mais lascada que joelho de freira. Muita gente rala que nem uma jumenta do agreste para, no final do mês, continuar com o nome mais sujo que pau de galinheiro. Muita gente trabalha de sol a sol e, no sexto dia útil, já está com o saldo da conta mais curto que coice de porco. Isso é inaceitável, pois quem trabalha deve poder curtir, viajar, comer fora de vez em quando, beber uma tubaína em garrafa de vidro sem medo de que aqueles cinco reais façam falta no fim do mês. Então espero te auxiliar a lidar melhor com seu dinheiro, afinal, querendo ou não, ele te acompanhará pelo resto da vida.

Com as dicas deste livro, quero te ajudar a administrar melhor suas finanças, para que você e sua família tenham a vida que *merecem ter*. E você não precisa ter um salário altíssimo para isso.

Este livro será um manual para quem deseja mudar de vida. É mais voltado para pessoas pobres, mas os princípios se aplicam a todos. Vou separar alguns temas importantes sobre educação financeira, começando por temas mais reflexivos; depois, partiremos para assuntos mais práticos. Se você for o tipo de pessoa que não tem muita constância, mesmo que demore para retomar a leitura, poderá iniciar qualquer tema quando quiser.

Agora, dois pontos importantes:

01) Se você comprou este livro, mas não acha de verdade que ele pode transformar sua vida, parabéns: você acaba de jogar seu dinheiro no lixo! Não sou muito fã daqueles papos de coaches, nem de livros de autoajuda, mas a verdade é que se você não acreditar que suas finanças podem mudar com essas dicas, realmente acabou de perder dinheiro com meras folhas de papel.

02) Ler este livro não mudará a vida de ninguém, a não ser que os princípios compartilhados nele sejam colocados em prática. O livro *Os segredos da mente milionária* já foi lido por milhões de brasileiros, e a maioria deles continua pobre, então repito: se você ler este livro (ou qualquer outro), mas não praticar seu conteúdo, sua vida não vai mudar. E lembre-se de que o *óbvio que é ignorado* pode ser muito mais importante e eficaz para uma vida melhor do que essas *chaves do sucesso* ou *segredos milenares* vendidos em cursos por aí.

Se este livro for simples e eficiente a ponto de alcançar e ajudar todos os leitores, de todas as idades, níveis sociais e graus de instrução, a mudarem de vida e saírem da pobreza, terei cumprido meu propósito. E tenho grandes expectativas de que essas dicas te ajudarão nesse propósito.

POR QUE "DEIXE DE SER POBRE!"

Talvez você esteja pensando: "Será que este livro pode mudar mesmo a minha vida?", então quero aproveitar este momento de passageira incredulidade em seu coração para explicar por que dei este título para o meu livro.

Para quem não sabe, tenho um canal sobre finanças voltado para pessoas de baixa renda no YouTube. Em breve, contarei um pouco da minha história, mas resumindo, é um canal muito bom, sensacional, o melhor de tod... Calma, Duda. Se contenha!

O canal *Primo Pobre* tem mais de 1 milhão de seguidores, e lá eu compartilho dicas de educação financeira, economia e investimentos. No final do ano de 2022, por pura curiosidade, resolvi usar meu Instagram para perguntar o seguinte aos milhares de seguidores:

> "Sejam sinceros e não tentem me agradar: as dicas que estou ensinando no canal realmente tem ajudado a mudar sua vida?"
>
> ( ) SIM ( ) NÃO

Apesar de ler muitos comentários positivos e receber todo dia mensagens de agradecimento em minhas redes sociais, naquele dia eu estava com a fé meio abalada, duvidando da eficácia do meu próprio conteúdo. Como era uma pesquisa em que todos têm acesso e podem ver os resultados da enquete, logo após lançar a pergunta, me veio um receio de que a maior parte das respostas seria negativa e eu passaria vergonha.

Para a minha surpresa, milhares de pessoas participaram da enquete e, no final, 98% das pessoas responderam que SIM, as dicas do canal os estavam ajudando a mudar de vida e a melhorar a situação financeira.

Aquilo me deixou muito feliz, pois tratava-se de uma amostra real, talvez mais confiável que o IBGE (o que talvez não seja grande mérito), mostrando que, a cada 100 pessoas que assistiam aos vídeos e ouviam as dicas do canal *Primo Pobre*, 98 estavam conseguindo sair da pobreza e mudar de vida. Por isso, resolvi dar este título ao meu livro: para reforçar que, se você está com suas finanças indo de mal a pior, há esperanças, e quase todo mundo que segue as dicas que passarei neste livro está conseguindo, aos poucos, deixar de ser pobre. Com você não será diferente.

Então bora começar, pois sua riqueza tem pressa.

QUEM SOU EU

SE VOCÊ NÃO TIVER INTERESSE EM SABER MINHA HISTÓRIA, PODE AVANÇAR PARA O PRÓXIMO CAPÍTULO, AFINAL, MINHA HISTÓRIA NEM É TÃO INTERESSANTE ASSIM.

Normalmente, as informações pessoais do autor aparecem nas últimas páginas do livro. Nunca vi muito sentido nisso, afinal, saber o que o autor faz da vida é uma das primeiras coisas que me interessa ao iniciar uma leitura, então já vou logo quebrando o protocolo. Meu livro, minhas regras!

Para quem não me conhece, sou Eduardo Feldberg, formado em Ciências Contábeis e Economia pela Fundação Getulio Vargas (FGV)/Universidade de São Paulo (USP), com MBA em Finanças Inflacionárias na London Business School, PhD em Investimentos Reversos na Massachusetts Institute of Technology (MIT) e, por fim, um péssimo mentiroso. A verdade é que eu não sei de onde tirei esse tal de "Investimento Reverso" e, após 30 segundos tentando escrever Massachusetts, tive que recorrer ao Google.

Sou Eduardo Feldberg, também conhecido como Duda por meus amigos, ou Primo Pobre, pelos doidos que, por algum motivo obscuro, insistem em seguir meu canal para tomarem broncas de graça. Alguns já conhecem essa história, mas, para os demais, vou explicar como um músico paulistano se tornou youtuber e criador de um dos maiores canais de finanças do Brasil. E o melhor canal, segundo a minha mãe.

Quando era criança, eu até gostava de matemática, mas aquela matemática que inclui apenas adição, subtração, divisão e multiplicação. Nunca entendi por que algum jumento resolveu colocar letras, como X e Y, numa conta matemática. Isso me chateia até hoje.

Outra coisa que sempre gostei foi de trabalhar. Não pelo prazer de acordar cedo e ralar o dia todo, mas por valorizar o que recebia em troca: meu rico dinheirinho.

Desde criança, meus pais me mostraram a importância de batalhar pelos meus sonhos, então a partir dos 9 anos, comecei a juntar dinheiro com atividades lícitas para crianças, como vender adesivos de carros feitos com recortes das revistas *Quatro Rodas* e *Motor Show* para outras crianças da escola ou vender geladinhos de dez centavos na rua que morava. Os compradores diziam que o geladinho de coco com leite tinha que ser entregue com um rolo de papel higiênico, mas ainda assim, era um sucesso de vendas no bairro de Pirituba, São Paulo.

Aos 11 anos, me profissionalizei e comecei a vender paraquedas para bonecos de miniatura, do tipo *Comandos em Ação*. A técnica consistia em cortar um pedaço de saco de lixo de modo circular e amarrar vários pedaços de linha de pipa ao redor da borda. Assim, quando você jogava o boneco para o céu, o saco se abria e ele descia de forma emocionante, como se fosse um paraquedista. Tive que abandonar esse emprego quando minha mãe percebeu que os sacos de lixo da casa estavam sumindo.

Aos 12 anos, minha vida profissional decolou e me tornei panfleteiro de salões de beleza e pizzarias, recebendo dez reais por cada milheiro entregue. Dez reais era muito dinheiro para uma criança daquela época. Não fiquei rico, mas fiquei ainda mais magro, de tanto que caminhava.

Já fiz muita coisa, mas, para abreviar, quero dizer que desde criança trabalhei por vontade própria para poder comprar as coisas que queria. Nunca tive interesse em aprofundar meus estudos sobre finanças, ciências contábeis ou investimentos, mas aprendi com a vida sobre a importância de trabalhar, poupar e acumular dinheiro para realizar sonhos. Isso seria crucial para meu trabalho como youtuber, duas décadas depois.

Lá em casa, graças aos esforços dos meus pais, sempre tivemos tudo de que precisávamos para sobreviver. Passei muita vontade, mas nunca necessidade, e isso já era uma conquista em épocas de crises e inflação descontrolada. Vivemos momentos de crises financeiras, desemprego e dificuldades com moradia. A nossa rua tinha enchentes, por conta do córrego próximo que transbordava sempre que chovia, e, após perder muitos móveis, meus pais decidiram se mudar para a casa dos meus avós, onde passei a dividir um único cômodo com meus pais e minha irmã por alguns anos. Era uma situação simples, conhecida por muitos brasileiros, mas, graças a Deus, nunca chegamos ao ponto de passar fome ou não ter onde morar.

A vida toda estudei em escolas públicas. Entre elas, minha preferida foi a EMEF Des. Silvio Portugal, em Pirituba. Ia e voltava a pé, feliz da vida, batucando naquela lata enorme de "Leve Leite" que o Governo distribuía. Lembro que minhas merendas preferidas eram canjica e macarrão com atum, mas o que levava meus amigos e eu ao delírio eram os dias que a escola distribuía Toddynho no recreio.

Alguns anos depois, comecei a trabalhar formalmente, assumindo cargos como menor aprendiz, estagiário, office-boy, vendedor de seguros, auxiliar de escritório; por fim, fui para a parte administrativa de escolas de educação infantil, de 2005 até 2021, quando minha vida profissional mudou drástica e inesperadamente.

Desde cedo, me propus a desenvolver o máximo de habilidades para que eu pudesse ter mais de uma opção de renda e, assim, evitar que, um dia, minha futura família passasse fome. Comecei a cursar Publicidade e Propaganda no Mackenzie, mas o valor era pesado demais e, como eu gostava mais de música do que de estudar história da comunicação e semiótica (matérias do primeiro semestre do curso), tranquei a faculdade, migrei para a área musical e me formei como Técnico em Música no Conservatório Souza Lima. Com essa formação, além do meu trabalho em horário comercial, passei a dar aulas particulares de violão e bateria. Aprendi sobre gestão administrativa e montei uma banda de músicos para casamentos, a fim de gerar uma renda extra aos finais de semana. Aprendi a fazer sites e editar vídeos pelo YouTube e aumentei meus recebimentos com essas atividades. Ao longo do tempo, me formei em Produção Audiovisual e fiz um curso básico de Teologia.

Vivendo com o básico, economizando, trabalhando e ganhando um salário que alternou entre 295 e 3 mil reais ao longo de quase vinte anos, com a ajuda das rendas extras, consegui comprar um carro à vista, financiar um apartamento, viajar diversas vezes pelo Brasil e exterior, me casar e quitar todas as despesas com a cerimônia e a festa até a data do casamento – e ainda juntar 100 mil na poupança durante esse período. Mal sabia eu que essa educação financeira, aprendida com a vida, seria tema central no conteúdo do meu futuro canal. Como você pode ver, minha formação não tem nenhuma relação com o mundo das finanças, mas, para minha surpresa, o inesperado aconteceu. Vamos para a última parte de minha história.

Sempre gostei muito de ensinar, mas, como não tinha formação em pedagogia, em 2013 iniciei um canal de música, em que posto até hoje aulas de violão, bateria, teclado e teoria musical. Esse foi meu primeiro contato com o YouTube. (Caso tenha interesse em aprender sobre música, teoria musical, violão, bateria ou outros instrumentos, acesse meu canal de música acessando o QR CODE ao lado. (Modéstia à parte, meu curso de teoria musical é um dos melhores do YouTube, com milhões de visualizações e totalmente grátis.)

Além desse canal de música, eu tinha um canal pessoal em que postava qualquer vídeo que me desse na telha e que pudesse ser útil para outras pessoas. Vídeos ensinando como consertar uma tomada, arrumar a mangueira da máquina de lavar ou lacear um tênis que está apertando demais o dedão. Era um canal pequeno, com menos de quarenta inscritos.

Em novembro de 2020, eu descobri uma técnica chamada amortização, que consiste em pagar um pequeno valor a mais todo mês em seu financiamento imobiliário a fim de quitá-lo mais rápido, e resolvi postar um vídeo explicando esse processo, na expectativa de ajudar alguns dos 40 inscritos que tinha até então. Algumas semanas depois, o vídeo já tinha ultrapassado 100 mil visualizações. No mês seguinte, 300 mil visualizações. Pouco tempo depois, aquele pequeno vídeo gravado com um celular simples já havia sido assistido por mais de 5 milhões de pessoas que, sem perceber que eu não era, nem de longe, um guru financeiro, foram se inscrevendo no meu canal.

Um mês após o vídeo viralizar, meu pequeno canal de 40 inscritos se transformou em um grupo com mais de 230 mil seguidores que perguntavam nos comentários "Duda, quando é que vai sair o próximo vídeo?". A princípio, minha resposta seria "Nunca!", pois não estava nos meus planos (nem no meu currículo) criar um canal sobre finanças, mas como aquelas pessoas me incentivaram a continuar, resolvi gravar mais um vídeo – que também ultrapassou 1 milhão de visualizações –, depois outro, depois outro, dando origem ao meu canal, que hoje é um dos maiores canais de finanças e educação financeira do país. Se levarmos em conta que é especificamente voltado para pobres, acredito poder dizer que é o maior canal desse tipo do Brasil.

Como eu sempre gravava de forma bem descontraída, sem me preocupar com minha aparência nem com meu linguajar, os próprios seguidores começaram a me chamar de *Primo Pobre*,[1] numa referência ao canal *Primo Rico*, e o nome pegou.

A criação desse canal me forçou a estudar e me aprofundar no tema, e não é que eu gostei?! Hoje, estou totalmente envolvido nesse universo: trabalho exclusivamente como produtor de conteúdo para minhas plataformas e redes sociais, apresento um programa semanal chamado *Pobre Show*[2] e, de agora em diante, vou compartilhar uma parte do que tenho ensinado, vivido e aprendido sobre educação financeira.

1. FICAR RICO PRA QUÊ?

SE SER POBRE UM DIA É RUIM, IMAGINE A VIDA TODA!

Certamente você já ouviu alguém dizer que "dinheiro não traz felicidade". Escuto essa frase desde criança e sempre a questionei, principalmente levando em conta que ela normalmente é dita por quem não tem dinheiro para tentar ter algum consolo. Na década de 1990, tudo que eu queria era ter dinheiro para comprar um *Nintendo 64* e viver feliz para sempre. Para mim, aquilo sim era felicidade, e o dinheiro poderia comprar! Eu poderia ficar horas jogando o melhor jogo já criado pela humanidade: *007 contra GoldenEye*. Tinha também o *Mario Kart 64*, muito divertido, mas sempre que eu jogava com meus primos, quase acabava em brigas de tapa.

Eu pensava comigo mesmo: "A pessoa que criou essa frase deve ser muito burra. Duvido que um ser inteligente diga uma asneira dessas", afinal, eu era pobre, e o que mais me fazia feliz era ganhar dinheiro. Certa vez, li uma afirmação que achei muito mais coerente sobre esse assunto no para-choque do caminhão de algum sábio e desconhecido filósofo motorista que dizia: "Dizem que dinheiro não traz felicidade. Então me dê o seu dinheiro e viva feliz." Até sugeri a ideia para alguns conhecidos, mas nunca achei quem aceitasse a proposta.

Além de discordar dessa frase de que "dinheiro não traz felicidade", sei que ela influencia muitas pessoas a terem preconceito com as riquezas, fazendo-as crer que dinheiro corrompe as pessoas, que traz tristezas e angústias, que afasta as pessoas, então, inicialmente, quero falar um pouco sobre isso. O objetivo deste livro é te ajudar a sair da pobreza e enriquecer, mas para que serviria um livro desses nas mãos de alguém que não deseja ser rico?

Talvez você seja, de fato, alguém bem simples, que não tem ambição de se tornar bilionário, não faz questão de ter coisas caríssimas para chamar a atenção de alguém – se for assim, somos parecidos. Eu também sou totalmente avesso à ideia de ostentação e exibicionismo. Os seguidores do canal sabem como eu pego pesado nisso, mas precisamos abrir a nossa mente para os reais benefícios da riqueza. Digo "reais", pois a ostentação e exibicionismo não são benefícios nem virtudes, mas meras imbecilidades de pessoas sem inteligência financeira.

Vou compartilhar quatro motivos que me fazem desejar ser rico. Quem sabe, isso te ajude a alinhar e repensar seu desejo e motivação em enriquecer também.

01) **QUALIDADE DE VIDA:** Eu não desejo ser rico para ter coisas que outras pessoas possam admirar ou invejar. Eu desejo ser rico para poder proporcionar uma vida de qualidade para minha família, envelhecer numa casa bonita e aconchegante – de preferência com piscina e um quintal bem grande com muitas árvores – e viajar com minha esposa e meus futuros filhos todos os anos. Quero enriquecer para poder comprar produtos de qualidade para a minha casa e comer muito churrasco e açaí sempre que tiver vontade, sem medo de me endividar por causa disso. Então esse é o primeiro ponto: queira ter dinheiro para proporcionar uma boa qualidade de vida para você e sua família.

Mas isso não é ostentação? Depende da sua motivação. Não podemos confundir realização de sonhos com ostentação. Eu desejo conquistar tudo isso, simplesmente pelo prazer de poder viver bem com minha família, e não para impressionar ou causar inveja em beltrano ou sicrano. No capítulo 'Ostentação', falaremos mais sobre isso.

02) **AJUDAR PESSOAS:** Quanto maior for o seu patrimônio, mais pessoas poderá ajudar, tanto as que você ama quanto as que você não ama tanto assim. É comum ouvir pessoas dizendo "eu não quero ser rico, só quero ter o suficiente para pagar minhas contas", mas eu te encorajo a querer mais do que o suficiente, para que possa transbordar e compartilhar com os outros. Já pensou como seria legal poder comprar uma casa melhor para seus pais, em gratidão por tudo que sempre fizeram por você? Poder contribuir com o sustento de asilos ou orfanatos de crianças carentes? Já pensou em ter dinheiro suficiente para doar

cestas-básicas para pessoas necessitadas ou comprar alimento para as crianças que estiverem na calçada de um restaurante, sem se preocupar com seu saldo bancário? Poder contribuir com organizações de combate à pobreza, participar de programas de adoção de crianças em países com subnutrição ou instituições missionárias ao redor do mundo?

Não que isso só possa ser feito por quem tem muito dinheiro. A generosidade é função de todos nós, mas quanto mais dinheiro você tiver, mais poderá potencializar suas contribuições, então não deseje ter dinheiro apenas para suprir as suas necessidades, mas também para suprir a dos outros. Aqui em casa, eu e minha esposa firmamos o seguinte propósito: quanto mais a nossa renda aumentar, mais generosos seremos.

03) **LIBERDADE FINANCEIRA:** Nem todo mundo tem vontade de se tornar milionário, mas certamente todo mundo gostaria de ter liberdade para ir trabalhar quando quiser, de onde quiser e com quem quiser. Imagine ter tanto dinheiro investido, que a rentabilidade gere ao investidor uma renda suficiente para viver todo mês sem ter que trabalhar em algo que ele odeia, ou se submeter àquele chefe terrível que só desvaloriza seu trabalho.

Eu nunca quis parar de trabalhar, pois sou extremamente acelerado e não consigo ficar sem fazer nada (comecei até a fazer terapia, por conta disso!), mas sempre quis ter liberdade para escolher com que, quando, com quem e de onde trabalhar. Esse é um privilégio de poucos, mas é algo possível. Quanto mais dinheiro você tiver, maior será a sua liberdade para fazer o que quiser da vida. Quem sabe, empreender e montar seu próprio negócio!

04) **APOSENTADORIA:** Talvez você não tenha essa preocupação hoje, mas deveria. Está comprovado que, com o passar do tempo, as chances de uma pessoa se aposentar com um bom salário estão diminuindo. No Brasil, a cada 3 aposentados pelo Instituto Nacional de Seguro Social (INSS), 2 ganham apenas um salário mínimo, que, até 2023, estava estabelecido em 1.320 reais por mês.[3] Esse valor não cobre nem a mensalidade de

um plano de saúde decente para idosos. Montar um bom patrimônio pode te despreocupar quanto a isso e garantir não apenas uma vida bem vivida no presente, mas também um futuro tranquilo e estável daqui a duas ou três décadas, quando você não tiver mais forças para trabalhar.

Esses são alguns motivos interessantes para considerarmos a importância e a relevância do enriquecimento. Não tenha preconceito com o dinheiro. Se empenhe em ser uma pessoa boa, inteligente, generosa, e o dinheiro só trará benefícios para você.

"Ah, mas o ruim de ficar rico é que todo mundo começa a pedir dinheiro emprestado."

Bom, em primeiro lugar, é melhor ser rico e ter que *ouvir* esses pedidos, do que ser pobre e ter que *fazer* esses pedidos. Em segundo lugar, as pessoas só vão perceber quão rico você é se você ficar alardeando e expondo suas conquistas a torto e a direito. E isso não é necessário. Seja discreto. Ajude as pessoas pelo prazer de ajudar, e não para ser visto ou reconhecido pelos outros. Fazendo isso, você perceberá que é realmente muito bom desfrutar do seu dinheiro, mas confirmará que, como disse Jesus Cristo, "há maior felicidade em dar do que em receber".[4]

IMPORTANTE

Antes de prosseguirmos, preciso reforçar algo. Neste livro, falarei muito sobre a importância e o prazer do enriquecimento, mas a distinção que faço entre ser rico ou pobre não tem absolutamente nada a ver com o valor intrínseco de uma pessoa. Conheço pessoas incríveis que são bastante pobres e pessoas riquíssimas que desejo bem longe de mim. A pobreza ou a riqueza não serve para julgar o caráter de ninguém. Ninguém é melhor ou pior que alguém por ser rico. Gosto de pensar que, no mundo, há ricos e pobres incríveis e medíocres. Inclusive, se você trata alguém de forma privilegiada só porque ele tem dinheiro, você é um grande idiota. Quando me refiro a ricos ou pobres, quero que entenda que se trata da questão financeira, e não de qualquer tipo de depreciação baseada em *status* social.

2. EDUCAÇÃO FINANCEIRA

TALVEZ VOCÊ NÃO SAIBA, MAS UMA BOA EDUCAÇÃO FINANCEIRA PODE MELHORAR MUITO A VIDA DE QUALQUER PESSOA, INCLUSIVE A DAS QUE GANHAM POUCO.

Ao ouvir sobre temas como educação financeira, inteligência financeira ou investimentos, muitos pensam naqueles homens engravatados andando acelerados pela avenida Faria Lima,[5] com suas maletas caras de couro, ou naquelas mulheres chiques de blazer, falando termos estranhos em inglês ao celular, ou ainda naquelas cenas da Bolsa de Valores, com um monte de gente gritando loucamente enquanto observam gráficos subindo e descendo numa tela. Esqueça isso.

Educação financeira nada mais é do que a capacidade de lidar e administrar seu dinheiro. Também podemos chamar de *inteligência financeira*. Assim como tem gente que é inteligente com matemática ou mecânica, tem gente que é muito boa em ganhar, administrar e multiplicar dinheiro – não, não estou me referindo aos políticos corruptos. E o objetivo deste livro é te capacitar a desenvolver essa habilidade tão benéfica para você e sua família.

Infelizmente, esse assunto é pouquíssimo abordado nas escolas, que preferem investir três árduos anos no ensino de conceitos químicos como os processos endotérmico e exotérmico, que serão irrelevantes para 98% da população brasileira, em vez de ensinar a lidar com o dinheiro, que é um tema prioritário em nossa vida, do nosso primeiro ao último suspiro (principalmente se ele for dado num hospital particular e sua família não tiver plano de saúde).

É claro que aprender sobre química, física e biologia é fundamental, mas deixar totalmente de lado a educação financeira é inaceitável.

Educação financeira tem muito a ver com conceitos matemáticos e econômicos, mas gosto de ressaltar o lado emocional da coisa. Muitas pessoas estão presas à pobreza há anos, não por questões salariais, mas por não saberem controlar suas emoções e acabarem gastando sem limites, movidas pela impulsividade e descontrole emocional.

No livro *A psicologia financeira*, o autor Morgan Housel escreve o seguinte: "O sucesso financeiro tem menos a ver com sua inteligência e muito mais a ver com seu comportamento. [...] Um gênio que não consegue controlar as suas emoções pode se tornar um desastre financeiro."[6]

Saber lidar e controlar nossos desejos e emoções é fundamental no desenvolvimento de nossa inteligência financeira. Por outro lado, alguém que junta bastante dinheiro, mas não usufrui dele, é uma pessoa extremamente "mal-educada" financeiramente. Assim como uma pessoa muito rica, mas totalmente impulsiva, que compra tudo que vê pela frente, também não tem educação financeira, pois, mesmo tendo muito dinheiro, não sabe lidar com ele de modo inteligente.

A habilidade de lidar com o dinheiro envolve muitas coisas, como a inteligência de criar novas fontes de renda para aumentar seus ganhos, o esforço em poupar para conquistar metas e sonhos, a capacidade de providenciar recursos para o futuro, o autocontrole para não ser seduzido a comprar coisas desnecessárias anunciadas na televisão ou internet, a sabedoria de saber como e quando usar um cartão de crédito, o equilíbrio para saber quando e quanto gastar em certos produtos, a consciência de que, às vezes, o barato sai caro, mas, às vezes, pagar caro é pura burrice.

Também envolve a capacidade de controlar os ganhos e os gastos com coerência, a disposição de renunciar prazeres momentâneos por algo muito melhor a ser conquistado no futuro, a sensatez de saber curtir e aproveitar os benefícios que o dinheiro nos dá, sem excessos e exageros. Tudo isso tem a ver com educação financeira e, com base nisso, podemos concluir que nem todo rico sabe lidar com dinheiro e que nem todo pobre precisa morrer na pobreza. Basta uma dose de educação financeira para mudarmos nossa mente, controlarmos nossos desejos e, por fim, colhermos novos frutos.

MAS EU GANHO POUCO

Se você está passando por dificuldades financeiras, talvez esteja pensando: "Se o Duda soubesse quanto eu ganho, entenderia por que estou nessa situação."

Eu entendo. Não quero me parecer com aqueles experts milionários que falam sobre enriquecimento como se a vida fosse fácil. Acredito que sua situação pode ser difícil e sei como é duro passar por momentos de dificuldade, mas como tenho um canal com mais de 1 milhão de seguidores, em sua esmagadora maioria pessoas de baixa renda, quero compartilhar algo para te animar.

Todo santo dia recebo nas minhas redes sociais várias mensagens de pessoas me agradecendo, dizendo que a vida delas está mudando, que estão saindo das dívidas, que estão começando a investir e montar um patrimônio, que estão curtindo mais, viajando e desfrutando da vida. Agora, sabe o que é interessante? Até hoje eu nunca recebi nenhuma mensagem de alguém dizendo que graças ao meu canal, o salário dele aumentou ou que ele foi promovido e está ganhando o dobro.

Você percebe que milhares de pessoas estão mudando de vida e montando seu patrimônio *sem ter nenhum aumento salarial?*

Mas como isso é possível? Com educação financeira! Com mudança de mentalidade (ou *mindset*, como os coaches engravatados amam dizer). Essas pessoas estão enriquecendo com o pequeno salário de sempre. É natural pensarmos que nossa vida financeira só vai mudar se ganharmos na Mega-Sena ou se formos promovidos a gerentes, e é óbvio que isso ajudaria muito, mas cuidado com esse pensamento. Se você se apoiar nessa ideia, caso nenhuma dessas situações ocorra, estará condenado a viver uma vida miserável.

A forma com que você administra seu salário, mesmo que seja um valor pequeno, pode mudar sua vida. É bem provável que, assim como eu, você conheça famílias com rendas pequenas que vivem melhor que famílias que ganham muito. Por exemplo, no ano de 2020, eu e minha esposa tínhamos uma renda familiar que girava em torno de 5 mil reais. Para nós, não era pouco, mas também não era muito. Com esse valor, eu e ela vivíamos uma vida confortável, tínhamos coisas boas em nossa casa, íamos ao cinema, comíamos fora de vez em quando, fazíamos ao menos três viagens por ano, tínhamos um carro popular usado, mas quitado, e estávamos quase terminando de pagar nosso financiamento imobiliário.

Por outro lado, conhecíamos alguns casais que tinham uma renda duas vezes maior que a nossa, vale-refeição e outros bônus invejáveis, mas, por incrível que pareça, estavam sempre no aperto. Cheios de dívidas, com os cartões estourados, o limite da conta no vermelho. Como isso? *Falta de educação financeira*. São pessoas que cometem os mesmos erros por anos, pessoas lascadas na vida, mesmo tendo ótimos salários.

Vou dar um exemplo. Há alguns meses, recebi uma mensagem no Instagram de um homem de meia-idade dizendo algo assim:

"Olá, Eduardo. Estou escrevendo para agradecer pelos seus vídeos. Estou aprendendo demais com suas dicas. São simples, muitas vezes óbvias, mas realmente ajudam a mudar a mentalidade, não só de quem ganha pouco, mas também de quem ganha muito..."

Fiquei contente com a mensagem e prossegui a leitura.

"No meu caso, eu ganho todo mês mais de 30 mil reais, mas percebi que, apesar desse salário, tinha uma mentalidade medíocre e não sabia administrar essa quantia. Gastava tudo que ganhava, não me preocupava com o futuro, não investia, não construía patrimônio nenhum e, por incrível que pareça, estava bastante endividado. Obrigado por mudar meu modo de pensar. Minha vida está muito mais feliz e organizada hoje."

Às vezes, recebo mensagens que parecem ser meio mentirosas, então fico com um pé atrás. Recentemente, recebi uma de um motoboy que disse ganhar mais de 18 mil reais por mês, só com as entregas. Por pouco não fui tirar a CNH de moto para mandar meu currículo a ele. Mas, no caso do homem de meia-idade, resolvi dar uma olhada em seu perfil no Instagram para ver o que ele fazia da vida e descobri que ele era um cirurgião plástico que, por sua profissão, realmente devia ganhar mais de 30 mil reais por mês.

Era uma situação curiosa, então entrei em contato com ele, que me contou que estava cheio de dívidas e lutando para construir patrimônio, mesmo com uma renda alta. Assim, se interessou pelo meu conteúdo e começou a acompanhar minhas postagens.

Por outro lado, em outra situação, recebi mensagem de um seguidor do canal, feliz da vida, dizendo que, graças aos puxões de orelha dos meus vídeos, estava aprendendo a lidar melhor com seu salário, tinha quitado todas as dívidas e me mandou uma foto de sua família curtindo uma viagem em Maceió.

Por isso, costumo dizer que *quanto você ganha é importante, mas a forma com que você gasta esse dinheiro pode ser ainda mais importante.* É claro que um salário maior ajuda, mas se você ficar sempre se apoiando no valor, dependerá sempre da boa vontade do seu chefe para mudar de vida – e você não deve agir assim. Você deve ser ativo em sua mudança de vida e entender que você tem, sim, o poder de transformar este cenário.

É fácil? Em geral, não! Diferente dos famosos vendedores de cursos que dizem que é possível ficar milionário em 7 dias, eu digo que enriquecer não é fácil e nem rápido, mas é possível. Um passo de cada vez, com constância e foco.

3. DE SACO CHEIO

FIQUE INDIGNADO!

Há alguns dias, estava procurando histórias e ilustrações sobre dinheiro e riquezas quando me deparei com um pequeno texto que quero compartilhar com vocês.[7]

O JOVEM E A VIDENTE

UMA VIDENTE ESTUDOU A MÃO DE UM JOVEM E DISSE: "VOCÊ SERÁ POBRE E MUITO INFELIZ ATÉ QUE VOCÊ TENHA 37 ANOS."

O JOVEM PERGUNTOU: "DEPOIS DISSO, O QUE VAI ACONTECER? EU FICAREI RICO E FELIZ?".

"NÃO", RESPONDEU A VIDENTE. "VOCÊ AINDA SERÁ POBRE, MAS VOCÊ VAI SE ACOSTUMAR À POBREZA."

No processo de mudança de vida, às vezes não sabemos por onde começar. O ideal é comprar um curso? Se matricular em uma faculdade? Fazer uma renda extra?

Os especialistas e educadores financeiros podem ter opiniões diferentes, mas quero deixar clara a minha. O primeiro passo para você mudar de vida e enriquecer é ficar de *saco cheio da sua pobreza*. É você olhar para sua situação e dizer: "Eu não aguento mais! Cansei de viver nessa miséria. Não aguento mais ver todo mundo desfrutando a vida, aproveitando, viajando, e eu sempre aqui, todo lascado, trabalhando como uma mula do agreste só para pagar contas e boletos."

Uma hora as pessoas se acostumam com a pobreza. Se você se encontra nesse estado, se convive bem com a pobreza, com esse estado infeliz de não ter dinheiro nem para comprar um picolé, provavelmente terá menos empenho e garra na busca por uma mudança de vida – afinal, o estado em que você está já não te incomoda tanto.

Por outro lado, se você se vê indignado com sua pobreza, não aguenta mais passar sede na rua e não ter dinheiro para comprar uma garrafa de água, se você não suporta mais sair com seus filhos e ver outras famílias comendo em lugares deliciosos, enquanto você não tem dinheiro nem pra comprar um "dogão" no centro da cidade, essa indignação pode gerar muito mais força em seu interior para sair desse cenário.

QUÃO INCOMODADO VOCÊ ESTÁ COM A SUA SITUAÇÃO?

Você fica incomodado em saber que se esforça o mês inteiro trabalhando como um burro de carga, para chegar na última semana e não ter dinheiro para nada?

Algumas pessoas, quando ficam nessa situação por muito tempo, partem para caminhos ilícitos para tentar resolver: se envolvem com práticas ilegais, tráfico de drogas, roubo... É uma pena, afinal, há muitas formas corretas e íntegras de sair desse cenário, e essas devem ser suas únicas opções.

Deixe-me te dizer uma coisa. Para mudar de vida, você terá que trabalhar bastante, fazer renda extra, economizar, investir dinheiro, mas se você não estiver realmente cansado de ser pobre, não terá energia suficiente para cumprir todos esses passos. E sabe por que eu digo isso? Porque as pessoas se acostumam com a pobreza! As pessoas se acostumam com uma vida endividada, com a miséria. "Ah, mas é assim mesmo. Eu nasci pobre, e não tem jeito..." Se você não ficar indignado com sua pobreza, não terá comprometimento suficiente para mudar.

E esse incômodo não deve te levar a murmurar, invejar ou reclamar, mas sim a arregaçar as mangas e decidir reverter esse cenário. Você merece isso! Não pense que curtir a vida não é para você, não pense que sua situação nunca vai mudar. Vai mudar, sim, e vamos conquistar isso, mas lembre-se que se você estiver anestesiado, acomodado, pendurando a chuteira no prego da pobreza, não sairá do lugar. Deve haver uma inconformidade.

Um dos meus livros de finanças preferidos se chama *O homem mais rico da Babilônia*. No primeiro capítulo, conhecemos o personagem Bansir, que resolveu aprender sobre finanças com o homem mais rico da região. Se você ler atentamente, verá que a mudança de vida desse personagem começou quando ele se viu indignado com sua situação:

"Quando acordei e me lembrei de que não tinha um centavo sequer, um sentimento de revolta tomou conta de mim. [...] Temos nos contentado em trabalhar longas horas e gastar nossos ganhos livremente. Conseguimos muito dinheiro nos últimos anos, mas só em sonhos poderíamos conhecer as alegrias decorrentes da riqueza. [...] Tanta ostentação de riqueza nas nossas barbas, mas nós mesmos ficamos a ver navios. Depois de praticamente meia existência de trabalho árduo, meu melhor amigo se acha sem um níquel e me procura para dizer: "Não poderia me emprestar a bagatela de dois siclos até o término do banquete dos nobres esta noite?" E o que respondo? Digo, por acaso: "Aqui está minha bolsa, dividirei com você todos os siclos que aí se encontram?" Não, simplesmente admito que minha bolsa está tão vazia quanto a sua. Mas o que há? Por que não podemos obter prata e ouro — mais do que apenas o necessário para o sustento do lar? "Pense também em nossos filhos", continuou Bansir, "não estão seguindo o caminho dos pais? Tem cabimento que eles e suas famílias, e os filhos e as famílias de seus filhos, passem a vida inteira no meio de tantos guardadores de ouro e, apesar disso, exatamente como nós, contentem-se com mingau e leite de cabra azedos?" — Em todos esses anos de amizade nunca o vi falando desse modo, Bansir. — Kobbi estava perplexo. — Porque, na verdade, nunca tinha pensado assim.[8]

A partir desse desabafo, expondo sua insatisfação com a própria pobreza, Bansir iniciou sua jornada em direção ao enriquecimento. É esse mesmo incômodo que te dará energia para mudar sua situação atual e realizar os próximos passos deste livro.

4. NÃO SEJA BURRO!

ESTUDAR É O MELHOR INVESTIMENTO, POIS ELIMINA DE UMA VEZ SÓ TANTO A POBREZA QUANTO A BURRICE.

Eu nunca fui fã de jogos de apostas, mas sempre torci para que alguém próximo a mim ganhasse um dia, pois os valores sorteados são impressionantes. Na Mega-Sena da Virada de 2022, o prêmio era nada menos que 541 milhões de reais, e se o ganhador desse prêmio aplicasse esse valor em um investimento que rendesse 1% ao mês, teria um rendimento de mais de 5 milhões de reais mensalmente sem ter que fazer mais nada pelo resto da vida – é o sonho de muita gente, que não aguenta mais ver a cara feia do chefe todo dia. O prêmio foi tão tentador que gerou mais de 435 milhões de apostas pelo Brasil, totalizando quase 2 bilhões de reais em arrecadação. Mas apenas 5 sortudos acertaram os seis números e dividiram o prêmio, recebendo pouco mais de 100 milhões de reais cada um.

Se alguns ficaram tristes por não terem ganhado, imagine a angústia de uma família da Paraíba. Após sonhar que ganhava na Mega-Sena da Virada, a senhora Linda, mãe de um garoto de 10 anos chamado Pedro Henrique, foi até uma lotérica e retirou alguns bilhetes para tentar a sorte grande. Em geral, ela apostava em números que apareciam em seus sonhos, mas como não havia sonhado com número nenhum daquela vez, ela entregou os bilhetes ao filho, que chutou alguns palpites, mas, talvez por incredulidade ou pela correria do dia a dia, aquela mãe não levou os bilhetes à lotérica. Bom, você já deve imaginar o resto da história, né? O garoto havia marcado exatamente os seis números que, alguns dias depois, foram sorteados e que poderiam tornar aquela família milionária.[9]

Nos jogos de azar, alguns ganham, e a imensa maioria perde, mas o objetivo deste capítulo é refletir se nós saberíamos administrar uma fortuna dessas, caso nossas apostas fossem sorteadas. Alguns ganhadores da loteria ficaram milionários da noite para o dia, mas, em pouco tempo, perderam ou gastaram tudo e voltaram à pobreza.

Um caso famoso foi o do jovem Antônio, de 19 anos, que ganhou 30 milhões de reais na loteria. O jovem extravasou, gastou tudo com festas, não investiu nem um centavo e, cinco anos depois, se encontrava na pobreza novamente, trabalhando o dia todo para ganhar um salário mínimo por mês.

Outro caso conhecido foi o do goiano Alvino, que ganhou o equivalente a mais de 1 milhão de reais, mas, em pouco tempo, também já tinha gastado tudo com festas, amigos e mulheres e voltado à pobreza.

Se o primeiro passo em direção ao enriquecimento é a indignação com a pobreza, o segundo é estudar para saber como ganhar dinheiro e como lidar com ele, à medida que o recebemos. Só que poucos gostam de estudar: muitas pessoas querem apenas enriquecer, sem ter que aprender o caminho das pedras.

Histórias como a do Antônio e do Alvino não são raras. Você já deve ter ouvido falar de ex-atores e até mesmo jogadores de futebol que ganharam milhões, mas, hoje, se veem em situações complicadas financeiramente. Isso não me surpreende, pois o que mais tem por aí é gente gastando dinheiro sem inteligência nenhuma, o que me leva a uma frase que uso com frequência:

> O inteligente, quando ganha dinheiro, continua inteligente. O burro, quando ganha dinheiro, continua sendo burro.
>
> Moral da história: antes de querer ganhar dinheiro, se empenhe em deixar de ser burro.

Se você não tem inteligência financeira, independentemente de quanto ganhar, continuará fazendo besteiras e correndo o risco de perder tudo. É quase inevitável. Dar valores expressivos a pessoas que não sabem lidar com dinheiro é tão coerente quanto jogar pérolas aos porcos ou colocar um colar de diamantes num filhote de égua, então antes de querer ganhar dinheiro e enriquecer, precisamos aprender a lidar com ele e dominá-lo, em vez de deixá-lo nos dominar. Se o seu conhecimento não evoluir na mesma proporção que suas riquezas, você corre o grande risco de voltar à estaca zero.

Precisamos aprender a proteger e multiplicar o que ganhamos, em vez de vê-lo escorrendo pelo ralo a cada dia de gastança que se passa. Aprender a controlar nossos impulsos momentâneos (que geram prazeres momentâneos) e começar a pensar mais no longo prazo, fazendo com que nosso dinheiro trabalhe para nós, a fim de não precisar mais trabalhar por ele.

Como podemos fazer isso? Na minha infância, a única forma de aprender sobre qualquer assunto era recorrer à *Enciclopédia Barsa*, do meu avô Tonho, ou me debruçar em algum livro da biblioteca pública do meu bairro, mas, hoje em dia, com o avanço da internet, ficou tudo muito mais prático. Podemos aprender sobre educação financeira lendo livros ou artigos gratuitos on-line, assistindo a vídeos no YouTube ou até mesmo fazendo cursos grátis que estão disponíveis por aí.

A grande questão é: qual é o seu real interesse em aprender a lidar melhor com o seu dinheiro? Quanto tempo por dia, semana ou mês você está disposto a investir para aprender a ser mais inteligente com seu dinheiro? Em outras palavras, *quão incomodado você fica com sua própria ignorância?*

Todos nós somos ignorantes em muitas coisas, mas costumo dizer que

> o problema não é a gente se sentir burro, mas sim se sentir burro e não se incomodar com isso.

Muitas pessoas sabem que não têm inteligência financeira, mas não buscam nenhuma ajuda com relação a isso. São pessoas que leem 22 livros do *Harry Potter*, mas não leem um livro sequer sobre finanças. São pessoas que investem dez horas por semana para assistir a jogos de futebol ou séries da Netflix, mas se recusam a ver um vídeo sobre controle financeiro emocional com mais de cinco minutos de duração. São pessoas que passam cinco horas por semana assistindo o enriquecedor e relevante "*Lixo Brother*", mas não estão dispostas a ouvir um podcast com dicas de organização financeira.

Qual tem sido a sua prioridade?

Após estudar muito sobre os princípios, atitudes e pensamentos que levam ao enriquecimento, o autor T. Harv Eker escreveu um dos maiores best-sellers de educação financeira, *Os segredos da mente milionária*, e logo no início da obra ele frisa uma frase que gosto muito:[10]

> "Princípio de riqueza: seus rendimentos crescem na mesma medida em que você cresce."

Isso reforça a importância de estudar para evoluir, mas é uma pena que tanta gente queira enriquecer sem ter que passar pela etapa do aprendizado. Isso muitas vezes é evidenciado nos números do meu canal. Quando eu posto um vídeo com o título "Como ganhei 6 mil reais em três horas", ele viraliza e ultrapassa fácil centenas de milhares de visualizações, mas quando eu faço um vídeo "O que são debêntures", poucos têm interesse em assistir. Não seja assim.

> Quanto maior for o seu desespero para ganhar dinheiro fácil, maior a chance de você fazer asneira e perder até o pouco que tem.

Posso dizer que, do ano de 2021 para cá, eu aprendi mais sobre educação financeira do que nos 35 anos anteriores, e o único gasto que tive foram 40 reais usados em um sebo para comprar livros sobre finanças.

Há alguns dias, fiz uma reflexão no meu Instagram:

> As pessoas estudam por nove anos para aprender a ler e escrever no ensino fundamental, estudam por três anos para aprender conceitos de química, física e biologia no ensino médio, estudam por quatro ou cinco anos para ter uma formação profissional e poder receber um bom salário, mas não leem sequer um livro para aprender a lidar com o dinheiro que batalhamos por tanto tempo para conquistar.

Há quem culpe as escolas, o sistema, o Governo, mas a verdade é que, com tantas opções gratuitas à nossa disposição, hoje em dia não há mais desculpas. Só não aprende sobre finanças quem não quer ou acha que não precisa. E, normalmente, quem é orgulhoso e acha que não precisa é quem mais se afunda na desgraça. Tem gente que acha que sabe tudo, mas só de olhar o saldo bancário da pessoa, dá para perceber que sua inteligência financeira é tão notável quanto os dentes de uma galinha.

Em 2022, eu assisti um curso completo e gratuito sobre investimentos de renda fixa, com mais de 10 horas de duração, no canal do meu amigo, professor Mira.[11] Há centenas de cursos, vídeos, artigos e até e-books sobre finanças totalmente gratuitos, então a grande questão não é quanto você precisa pagar, mas sim quão disposto você está em investir tempo da sua vida para ser mais inteligente com seu dinheiro.

Com um pouco de empenho, senso de prioridade e trinta minutos por semana, sua mente já começará a mudar e você aprenderá muita coisa. E o melhor é que, quando você aprende a lidar melhor com seu dinheiro, não garante apenas uma semana melhor, um mês melhor ou um ano melhor, mas uma vida melhor.

Sempre que alguém me pergunta "qual é a melhor opção para investir 50 reais", minha resposta é: "Compre um livro e comece a estudar!". Precisamos estudar para evoluir em nossos conhecimentos. Reunir o máximo de conhecimento possível, para nos tornarmos aptos a tomar as melhores decisões, sem depender sempre da opinião dos outros.

No famoso livro *Mais esperto que o diabo*, Napoleon Hill afirma que a pobreza é sempre encontrada em meio aos alienados, ou seja, aquelas pessoas que não pensam por si mesmas e que são preguiçosas demais para usar o próprio cérebro.[12] Não seja um alienado, aproveite o conhecimento compartilhado por outras pessoas, não para se isentar de suas escolhas, mas para ter conhecimento suficiente para tomar as melhores decisões, com base no seu entendimento, no seu conhecimento e no seu perfil.

Caso sua vida seja corrida como a minha, quero deixar uma dica: todos os dias eu costumo lavar a louça no período da manhã. Eu nunca vi graça nenhuma em lavar louça, mas achei uma forma de otimizar esse momento:

eu deixo rolando no celular algum vídeo instrutivo sobre educação financeira. Desta forma, eu passo de dez a quinze minutos fazendo algo que não gosto, mas aprendendo algo que gosto e tenho interesse, o que torna o momento mais útil e prazeroso. Tente fazer o mesmo!

Vou deixar aqui quatro sugestões de livros muito bons e fáceis de ler e entender, caso você queira prosseguir em seus estudos sobre educação financeira após finalizar o meu livro:

O HOMEM MAIS RICO DA BABILÔNIA
GEORGE S. CLASON

PAI RICO, PAI POBRE
ROBERT KIYOSAKI

OS SEGREDOS DA MENTE MILIONÁRIA
T. HARV EKER

A PSICOLOGIA FINANCEIRA
MORGAN HOUSEL

Mas se você não gosta de ler, lembre-se de que, hoje em dia, há muitos canais sobre finanças com milhares de vídeos para você assistir e até mesmo podcasts, para deixar rolando durante seu dia.

O importante é aprender cada vez mais e evoluir.

5. ORGANIZAÇÃO FINANCEIRA

SE VOCÊ NÃO CONSEGUE ORGANIZAR SUAS FINANÇAS ENQUANTO É POBRE E GANHA POUCO, IMAGINE QUANDO FOR RICO!

Alguns meses atrás, eu estava conversando com um senhor que foi até a minha igreja pedir a doação de uma cesta básica. Quando o vi, fiquei surpreso. Ele sempre foi um cara bem de vida, andava com roupas de marcas caras, mas, de repente, estava atrás de doações de alimentos para sustentar sua família. Segundo ele, estava passando por uma grave crise financeira.

Como ele deu abertura para o diálogo e me pediu alguns conselhos, ficamos conversando por um tempo. Eu tentei entender o tamanho do problema, mas logo no início da conversa pude perceber como ele era desorganizado financeiramente. Perguntei quanto ele gastava por mês, e ele não sabia; perguntei quanto sobrava de seu salário todo mês, e ele não sabia; perguntei quanto ele precisava para sair dessa situação, e ele não sabia; perguntei quanto ele tinha na conta, e ele disse que tinha que confirmar com a esposa. Ou seja, era uma pessoa totalmente "perdida" com relação às próprias finanças. Sugeri que ele organizasse tudo, para que pudesse ajudá-lo, mas, daquele dia em diante, nunca mais falamos sobre isso. Entendi que ele não se organizou.

Nem todo mundo gosta de lidar com o dinheiro, mas a partir do momento em que a falta de organização tem a capacidade de arruinar sua vida e a de seus familiares, não podemos simplesmente dizer que "nem todos sabem controlar seu dinheiro e tudo bem que seja assim". Se estivéssemos falando sobre a habilidade de jogar futebol, dirigir uma empilhadeira ou fazer um avião de papel, tudo bem, mas não saber organizar suas finanças não é uma opção!

Eu me recordo de que, quando criança, uma vez por mês via minha mãe sentada na cama, com alguns papéis e um lápis. Ela dizia que estava "fazendo as contas". Na época, eu não entendia muito bem, mas hoje, sim. Ela estava fazendo o que toda família deve fazer: organizar as contas da casa. Como naquela época não tínhamos computador, todas as anotações eram feitas à mão, relacionando tudo que ela e meu pai haviam recebido, quanto haviam gastado e quanto havia sobrado. Isso permitiu que eles, mesmo em épocas difíceis, conseguissem sustentar nossa família. Algo que meu amigo nunca teve costume de fazer e, portanto, estava passando por um aperto.

Mas, agora, vamos falar sobre você. Vou te fazer algumas perguntas; veja se consegue me responder:

- Qual é o valor do seu salário líquido por mês, ou seja, o valor que realmente cai na sua conta, após a dedução de todos os impostos e descontos?
- Qual é o valor do seu custo de vida, ou seja, de quanto você precisa para viver e pagar todas as suas contas essenciais, como aluguel, alimentação, água e luz?
- Após pagar todas as suas contas e fazer todas as suas compras, quanto sobra do seu salário?

Essas perguntas são muito básicas e todo mundo deveria saber responder ou, pelo menos, ter uma noção da resposta. Se não é o seu caso, precisamos mudar esse quadro, pois talvez você esteja mais perdido que cupim em metalúrgica. Não tem como você melhorar sua situação financeira se não sabe como ela está, de quanto precisa, em que pode economizar e onde está gastando mais do que deveria.

É bem provável que você já tenha ouvido alguém dizer: "Nossa, meu salário já acabou e não sei nem pra onde foi parar o dinheiro!" Esse tipo de frase é inaceitável. Não tem como você trabalhar por um mês inteiro e, após o recebimento, gastar tudo sem saber onde o dinheiro foi parar. Você entende que essa organização financeira é extremamente necessária? Como você poderia se organizar financeiramente se não sabe nem se está sobrando ou faltando dinheiro para viver e sobreviver?

Esse descontrole se resolve com uma planilha, mas calma! Não é nenhum bicho de sete cabeças. É um documento simples e fácil de mexer, em que você anotará de um lado todas as suas receitas, ou seja, os valores que você recebe, como salário, vale-alimentação, vale-refeição e demais rendas, e de outro, suas despesas e principais gastos, tanto os essenciais, quanto os supérfluos.

É bom saber...

Gastos essenciais são os gastos necessários para a sua sobrevivência, como aluguel, alimentação, água e luz.

Gastos supérfluos são os gastos que podem ser úteis, mas que você consegue sobreviver sem, como plataformas de filmes e séries ou idas ao restaurante.

Quando terminar de preencher sua planilha, conseguirá visualizar se os seus gastos são maiores ou menores que o seu salário. Essa planilha é ótima, mas, caso esteja preocupado com o preenchimento dela, quero passar algumas informações:

01) No meu canal, tem uma aula em que eu explico como fazer essa organização e disponibilizo gratuitamente uma planilha prontinha para você só inserir os valores que ganha e que gasta. Acesse essa aula pelo QR CODE ao lado.

02) Essa planilha não precisa ser preenchida com exatidão. Por exemplo, você não precisa anotar até o chiclete que comprou na estação de trem. O importante é inserir na planilha os gastos mais expressivos, para você ter uma noção de como está sua situação financeira.

03) Não pense que você precisará atualizá-la toda hora. A não ser que sua vida seja uma completa montanha-russa de receitas e despesas, acredito que seu salário e suas contas sejam basicamente as mesmas todo mês, então a partir do momento que você preencher a planilha uma vez, poderá retornar a ela somente quando houver alguma mudança significativa em seu orçamento. Eu mesmo não acesso a minha planilha há meses, pois, nos últimos tempos, não houve mudanças drásticas em minhas receitas, nem nas despesas.

E lembre-se de que, se uma pessoa é desorganizada enquanto ganha pouco, continuará assim quando passar a ganhar muito. Organização é fundamental para ricos e pobres e, quanto mais desorganizado você for, menores as chances de administrar corretamente seu dinheiro.

6. ODEIE DÍVIDAS

TODO PARCELAMENTO SE TORNA UMA DÍVIDA!

Consultando um dicionário etimológico, constatei que o termo *dívida* vem do latim *debita*, que quer dizer dívida. Após esse inútil início de parágrafo, vamos para o famoso *Michaelis*,[13] que a gente ganha mais:

> Dívida: Ato ou efeito de dever algo a alguém; obrigação de dar, fazer ou pagar algo a outrem, geralmente alguma quantia em dinheiro; obrigação.

Resumindo, a dívida é quando a gente fica devendo alguma coisa para alguém. Pode ser para um amigo, um parente, uma instituição financeira. Para simplificar, vou colocar da seguinte forma: *tudo aquilo que você compra e não paga na hora se torna uma dívida.*

Se você comprou uma blusa e parcelou em cinco vezes no cartão de crédito, acabou de contrair uma dívida, pois o banco pagou para você e você terá que pagar de volta em futuras prestações. Se você vai à lanchonete e compra uma coxinha, daquelas bem grandes, com recheio de catupiry quentinho e aquela massa deliciosa (acho que estou com fome!) e paga no cartão de crédito para ser descontado daqui a trinta dias, acabou de contrair outra dívida, pois já adquiriu o produto, mas ainda não pagou por ele.

Quero deixar isso claro, pois muita gente só considera como "dívida" as contas altas e boletos caros, como um carro parcelado em 60 vezes ou uma casa financiada em 30 anos, mas a verdade é que toda vez que você adquire um bem ou um serviço e não quita o valor na hora, aquilo se torna uma dívida – e permanecerá sendo uma dívida até que você a elimine.

Sabemos que muitas pessoas acabam entrando em dívidas devido a momentos de crise, como desemprego ou uma doença que atrapalha o equilíbrio financeiro da família; por outro lado, há muitas pessoas que fazem dívida simplesmente por serem viciadas em gastar dinheiro o tempo todo com coisas que não precisam. Confundem desejos com necessidades e adquirem coisas dispensáveis. Há quem precise até mesmo de acompanhamento psicológico para lidar com esse descontrole. Você precisa estar atento a isso, pois esse hábito certamente te impedirá de evoluir e alcançar o enriquecimento.

T. Harv Eker escreveu: “Se você deseja ficar rico, concentre-se em ganhar, conservar e multiplicar seu dinheiro. Se prefere ser pobre, dedique-se a gastá-lo. Independentemente de quantas dezenas de livros você leia e de quantos cursos sobre sucesso você faça, tudo se resume a isso.”[14]

Segundo uma pesquisa da Confederação Nacional do Comércio de Bens, Serviços e Turismo,[15] realizada no início de 2023, 78% das famílias brasileiras estão endividadas. Isso quer dizer que, de cada dez famílias, quase oito estão com dívidas. Isso é muito preocupante – primeiro, porque suas dívidas podem te levar, cada vez mais, para o fundo do buraco, e segundo, porque é extremamente angustiante trabalhar o mês inteiro para receber um salário que será quase totalmente utilizado para pagar contas e boletos.

Caso você esteja dentro dessa estatística de devedores, tenho uma fórmula secreta que foi guardada por séculos e desvendada na última décad... Brincadeira! Não tenho fórmula mágica nenhuma. Só tenho três princípios que espero que cheguem até você, suavemente, como um belo coice de mula na sua face.... ops... Me excedi. Perdão!

As três regras são:

- Não gaste mais do que você ganha!
- Não compre nada enquanto não tiver todo o dinheiro!
- Todo mês tem que sobrar!

Pronto! Você acabou de descobrir com o Primo Pobre, filósofo de Osasco, o coach da periferia, *a fórmula do desendividamento*. Vou sugerir essa palavra para o *Michaelis*, acabei de criar e já amei – se bem que o correto seria “para a” Michaelis, pois descobri há pouco tempo que Michaelis foi, na verdade, uma mulher alemã.

Não há regras mágicas para você parar de contrair dívidas. Você só precisa levar para si esses três princípios que podem mudar sua vida (e eu não estou brincando desta vez). Tenho certeza de que, se todo brasileiro pudesse e se esforçasse em seguir essas regras, quase não haveria endividados em nosso país. Mas não é o que acontece, pois as pessoas fazem justamente o contrário.

NÃO GASTE MAIS DO QUE VOCÊ GANHA

A primeira regra é não gastar mais do que você ganha. Mas, como vemos por aí, tem pobre que tem tênis que custa um salário mínimo e meio e um celular que custa cinco. As pessoas perderam a noção da realidade e querem ter uma vida de rico com salário de pobre.

Já disse algumas vezes aos meus seguidores que um dos maiores erros do pobre, que o impede de mudar de vida e enriquecer, é achar que é rico. Seja um pobre consciente! Faça compras e viva conforme sua renda, não conforme a renda do seu vizinho rico. Falaremos mais sobre isso no capítulo 'Simplicidade', mas cuidado! Enquanto você for um pobre tentando viver como se fosse rico, continuará lascado na pobreza.

NÃO COMPRE NADA ENQUANTO NÃO TIVER O DINHEIRO

Essa é a segunda regra, totalmente ignorada por 89,5% dos brasileiros. E vocês sabem que 98,2% das minhas estatísticas são inventadas por mim mesmo, né?! (Acabei de fazer isso novamente) Mas sabemos que, realmente, as pessoas cada vez mais compram coisas sem ter condições de pagar; vão parcelando, dividindo em 28 suaves prestações. O problema do pobre é achar que, por ter um cartão de crédito, pode comprar o que quiser e quando quiser. Desde então, o número de endividados no Brasil só aumenta, pois ninguém mais tem paciência para esperar. Querem agora! Vão lá, compram e se endividam.

Pare e pense: quantas vezes você se desesperou, ficou ansioso demais e foi comprar algo sem ter o dinheiro necessário para aquilo, só para desestressar? Provavelmente já fez isso muitas vezes, né? Toda vez que compramos algo parcelado, estamos fazendo isso. Adquirimos coisas que pagaremos depois, pois não temos condições de pagar tudo na hora. Acredite, isso pode se tornar um vício.

Em alguns casos, se trata de compras que não podem ser postergadas, como alimentos ou um tratamento médico, mas, muitas vezes, essas compras parceladas são feitas em situações sem urgência nenhuma, como um sofá caro ou uma TV tão grande que quase não cabe na parede da sua sala.

Um dos fatores que mais gera esse erro é a ansiedade. Conforme o tempo passa e a tecnologia modifica o mundo, nos tornamos cada vez mais imediatistas e ansiosos, querendo tudo para ontem. Somado a isso, temos uma produção publicitária voraz, que faz de tudo para seduzir as pessoas a comprarem coisas que não precisam. Moral da história: o cidadão tem (-) R$150,00 na conta, mas, ao ver uma propaganda da nova TV 4K Smart sendo vendida em 36 parcelas no site das *Casas Ceará*, ele não pensa duas vezes. Uma hora depois, está todo orgulhoso, voltando para casa com uma caixa que sequer passa pela porta e, dentro dela, uma dívida que o manterá refém pelos próximos três anos.

Qual é a minha sugestão? Tente sempre comprar as coisas quando tiver todo o dinheiro para pagar. Isso é benéfico em todos os sentidos:

01) Ajuda a controlar sua ansiedade
02) Dá um novo ânimo para trabalhar, sabendo que aquele esforço valerá a pena
03) Dentro de pouco tempo, você faz a compra e paga mais barato, pois, normalmente, quando o pagamento é feito à vista, conseguimos um desconto maior
04) Tem a paz de não contrair nenhuma dívida, nem ficar devendo nada para ninguém. Talvez você até tenha esquecido como isso é bom.

Mude sua mentalidade! As pessoas normalmente compram uma coisa e pagam, pagam, pagam. Minha sugestão é fazer o contrário. Juntar, juntar, juntar e pagar. Não deixe que a ansiedade te endivide. É melhor não ter algumas coisas, mas estar em paz, do que ter algumas coisas, mas viver agoniado. É claro que nem toda dívida é sinal de descontrole, mas contrair dívidas e fazer compras parceladas se torna um vício.

TODO MÊS TEM QUE SOBRAR

Se você está vivendo no limite, uma hora a casa vai cair. Já falamos sobre a planilha de organização financeira, que é fundamental para esse controle de quanto você ganha, quanto gasta e quanto sobra. Nessa planilha, o "quanto gasta" nunca pode ser igual ou maior do que o "quanto ganha". Todo mês tem que sobrar, e se isso não está acontecendo, ou é porque você está gastando demais ou porque está recebendo pouco demais. O primeiro se resolve com uma vida mais simples, e o segundo se resolve com uma renda extra.

Por enquanto, só pense que você deve *odiar dívidas*! Muita gente diz que é impossível ser pobre e não ser endividado, mas isso é uma grande mentira. No meu canal, tem muito seguidor pobre que já eliminou todas as dívidas e está entrando em um novo nível de vida, muito mais prazeroso.

Nossa sociedade normalizou as dívidas com cartões de crédito, como se dever dinheiro fosse uma situação comum. *Ter dívidas não é algo normal!* E quando isso acontece, deve ser algo temporário. Crenças limitantes do tipo "se o pobre não parcelar, nunca vai conquistar nada na vida" são verdadeiras idiotices ditas por pessoas sem nenhuma educação financeira. É possível mudar de vida, sim, com educação financeira, controle emocional, foco, disciplina e renda extra. Se você tem dívidas, una todos os seus esforços para eliminar essa desgrama, antes que ela elimine a sua paz.

COMO SAIR DAS DÍVIDAS

Se você já está afundado nas dívidas, quero compartilhar algumas sugestões para sair dessa situação:

01) **SE ORGANIZE:** Anote todas as suas dívidas, veja qual é o valor necessário para quitar tudo e anote quais delas são mais antigas e quais são mais prejudiciais, no sentido de terem juros mais altos, para saber quais devem ser priorizadas.

02) **ECONOMIZE:** Se você está afundado nas dívidas, economize o máximo possível em tudo que puder – abra mão de prazeres, passeios,

restaurantes e diversão –, para se empenhar em quitar suas dívidas o mais rápido possível. Isso parece óbvio, mas não é. O que mais tem por aí é gente que está atolada nas dívidas, mas continua vivendo como se não devesse nada a ninguém. É o famoso *sem noção*!

03) **DEFINA PRIORIDADES:** Se você contraiu muitas dívidas e não sabe qual delas tentar resolver primeiro, priorize pagar as dívidas essenciais relacionadas às necessidades básicas da sua família, como moradia, água, luz e gás. São prioritárias, pois se você for despejado, ficará ainda mais complicado se organizar, e, se não tiver água, luz e gás na sua casa, pior ainda. Em seguida, priorize as contas com juros mais altos, pois quanto mais tempo passar, mais complicada ficará a sua situação. Normalmente, as dívidas com cartão de crédito e limite da conta são as mais devastadoras na vida das pessoas.

04) **AUMENTE SUA RENDA:** Se suas dívidas não param de crescer e seu salário não está dando conta, você precisará aumentar sua renda. Tem muita gente que tenta poupar e economizar, mas, às vezes, a solução não está em diminuir o nível, e sim em aumentar as entradas. Segundo pesquisa realizada pelo Serviço de Proteção ao Crédito (SPC), no primeiro trimestre de 2023, cada consumidor brasileiro negativado devia, em média, 3.974,73 reais.[16] Pode parecer muito, mas com uma renda extra e uma boa negociação para pagamento à vista, em três meses você consegue eliminar essa dívida. Mais para frente, falaremos sobre como aumentar sua renda com trabalhos extras.

05) **NEGOCIE SUAS DÍVIDAS:** Em vez de ficar pagando parcelas mínimas todo mês, que acabam não ajudando em nada e aumentando mês a mês suas dívidas, se esforce para juntar uma quantia e pleitear um desconto para quitar à vista seus débitos. Além das campanhas "Limpa Nome", promovidas pela Serasa, há diversas empresas que fazem renegociação de dívidas e conseguem descontos de até 90% sobre o valor, caso o devedor apresente uma boa proposta para pagamentos à vista. Enquanto escrevia este livro, um seguidor do canal me enviou um *print* mostrando como conseguiu quitar uma dívida de R$2.685,37 reais

pagando à vista apenas 268,71 reais. Não saia por aí pagando dívidas altas sem tentar negociar um bom desconto primeiro. Isso é algo totalmente legal e promovido por instituições sérias que têm parceria com os maiores bancos e empresas do país.

06) **EVITE RENEGOCIAR SUAS DÍVIDAS:** Na maioria das vezes, a renegociação não é uma alternativa muito aconselhável. As empresas costumam oferecer o "benefício" da renegociação reduzindo o valor das parcelas mensais, ao mesmo tempo que aumentam o prazo para o pagamento da dívida. No final das contas, você ficará refém da dívida por mais tempo e pagará um valor ainda maior ao término do prazo. Fuja dessa alternativa – mesmo porque quem não consegue pagar uma parcela de 400 reais por mês dificilmente conseguirá se organizar para pagar 350 reais. Prefira a opção anterior, do pagamento à vista.

07) **EMPRÉSTIMO COM JUROS BAIXOS:** Eu não sou a favor de empréstimos, pois todo empréstimo se torna uma dívida, mas existem exceções, e uma delas é tomar um empréstimo com juros baixos para quitar dívidas com juros altos. Por exemplo, você tem uma dívida de mil reais no seu cartão de crédito, com juros de 12% ao mês, e sua conta está no vermelho, usando 2 mil reais do seu limite, que tem juros de 6% ao mês. Cada mês que você leva com a barriga essa situação, aumenta monstruosamente essa dívida, pois os juros mensais são altíssimos. Neste caso, vale muito mais a pena você tomar um empréstimo de 3 mil reais com juros de 1% a 3% em alguma instituição bancária e usar esse valor para quitar as dívidas com juros maiores. Desta forma, em vez de ter várias dívidas com juros altos, você passará a ter apenas uma, com juros mais baixos. Mas lembre-se de pesquisar bem qual é a opção de empréstimo com os juros mais baixos e que o dinheiro tomado no empréstimo deve ser usado para quitar suas outras dívidas, não para comprar uma TV de 65', caramba!

08) **NÃO CONTRAIA NOVAS DÍVIDAS:** Tome cuidado para não contrair dívidas novas nesse processo. Tem gente que, com uma mão, trabalha e se empenha para quitar dívidas, e, com a outra, usa o bendito

> cartão de crédito para sair parcelando tudo quanto é coisa nas lojas e sites de compras. É como aquela pessoa que puxa o cobertor para cobrir a cabeça e fica com os pés de fora. Falando nisso, hoje minha esposa puxou todo o cobertor se mexendo durante a noite e acordei passando um frio lascado. Mas isso é assunto para outra hora...

Dedicarei um capítulo inteiro deste livro para falar sobre o cartão de crédito, também conhecido carinhosamente como *A Corda que Enforca a Mula* (ACQEAM).

E lembre-se: viver em paz, sem ter algumas coisas, é muito melhor do que viver agoniado, tendo algumas coisas. Pare de comprar coisas de que não precisa!

7. RESERVA DE EMERGÊNCIA

O MELHOR ANTÍDOTO CONTRA O CICLO DA DESGRAÇA.

É certo que nem todo rico desfruta de paz, mas convenhamos que, com dinheiro no bolso, fica mais fácil experimentar uma calmaria interior, mesmo em tempos de crise.

Segundo pesquisas,[17] um dos fatores que mais gera estresse, depressão e angústia nas pessoas é a crise financeira, mas a lista de males não para por aí. Crises de ansiedade, discussões conjugais e divórcio, mal desempenho no trabalho, perda de oportunidade e privação do lazer estão entre as dezenas de outros problemas gerados por crises financeiras. É realmente muito ruim aquela sensação de falta de controle, quando estamos com pouco dinheiro e sentimos que, a qualquer momento, tudo pode ruir. Sabe aquela velha oração:

> Jesus amado, pelo amor de Deus, não deixe que o chuveiro queime, nem que o pneu fure, nem que a geladeira pife ou que aconteça qualquer outra desgraça, pois este mês já estou zerado.

É emocionalmente estressante viver com receio de que algo ruim aconteça e a gente não tenha condições de resolver o problema por falta de dinheiro. Uma pessoa que depende de um emprego e teme ser mandada embora, ou alguém que está pagando uma faculdade e sente que, se perder a bolsa de estudos, terá que trancar o curso ou imergir em um financiamento estudantil absurdo, ou ainda alguém que está desempregado e não consegue pregar os olhos por não ter como obter recursos para comprar a comida dos próximos dias – isso é estressante e gera um desequilíbrio muito grande dentro de nós.

Uma das soluções para isso se chama *reserva de emergência* e vou explicar o conceito de forma bem fácil. Na verdade, o próprio nome é autoexplicativo:

trata-se de um dinheiro que você deixará reservado para emergências ou para sobreviver, caso surja um período de crise em sua vida. Não se trata de um dinheiro para custear uma viagem, comer sushi ou comprar um sapato novo, mas unicamente para "apagar incêndios". E acredite: se você ainda não tem um dinheiro assim reservado, mais cedo ou mais tarde, você pode se lascar muito e entrar no que chamo de *Ciclo da Desgraça*, que é um mal que assola grande parte dos brasileiros.

CICLO DA DESGRAÇA

Vou escrever uma história que, embora fictícia, ilustra bem o cenário de muita gente:

Sebastião é um homem casado, tem duas filhas (Cleide e Genoveva) e trabalha como vendedor, ganhando um salário de 3.500 reais. Deste valor, a família gasta 3.200 reais com despesas essenciais e o restante com gastos não essenciais, como restaurantes, lazer, festas e passeios no shopping.

Numa manhã ensolarada de domingo, enquanto dirige até a casa da sogra com a família, Sebastião ouve um ruído estranho sob o capô do veículo, que, imediatamente, para no meio da avenida. Após pedir auxílio de dois motoqueiros para empurrar o carro até uma rua mais tranquila, Sebastião liga para um mecânico da região, que se dirige ao local e constata a quebra da correia dentada do veículo. O conserto é avaliado em 4 mil reais, pois afetou todo o funcionamento do motor. Sebastião se desespera, pois não tem de onde tirar esse valor. Toda a renda familiar já está comprometida. Para resolver a situação, faz um empréstimo de 4 mil no banco, mediante o pagamento de dez parcelas de 480 reais, por causa dos juros. Nosso amigo contrai a primeira dívida dessa história e passa a se ver numa situação complicada, pois seu salário inteiro já estava quase todo comprometido e, agora, terá um gasto a mais no mês. Ou seja, a conta não fecha!

No mês seguinte, sua filha mais nova, a pequena Genoveva, cai no parquinho da escola, quebra um dente e é levada às pressas a um dentista. Como a família não tem plano odontológico, Sebastião terá que pagar 600 reais pelo tratamento e, como não dispõe deste valor, solicita o parcelamento do tratamento no cartão de crédito, em 4 parcelas de 150 reais sem juros. Agora, somando o conserto do carro e os gastos com o dentista, terá uma despesa de 630 reais por mês a mais, totalmente imprevista.

Na semana seguinte, após um dia exaustivo de trabalho, Tião chega em casa para tomar um banho relaxante e, no meio do sagrado momento, o bendito chuveiro, que tinha apenas 15 anos de uso, resolve queimar. Lá se vai mais um gasto e, para cobrir essa despesa, Sebastião utiliza um segundo cartão de crédito, que não usava fazia tempo.

Chateado com tantas dívidas contraídas, nosso herói volta da loja de construção para casa, se estira no sofá para assistir ao jogo do Coringão, quando sua esposa pergunta: "Amor, por acaso você mexeu na geladeira? Ela não está gelando e está estragando toda a comida."

Enfim, eu poderia citar vários outros exemplos comuns na vida das pessoas, mas o que quero que você perceba é que *desgraças acontecem* e podem se tornar uma bola de neve.

Agora, pense comigo: qual foi o erro do Sebastião? Ter consertado o carro? Não! Ele precisava do carro para trabalhar e realizar suas vendas. Ter pagado o dentista para arrumar o dente da filha? Não! Isso era realmente necessário para a saúde de alguém que dependia dele. Ter comprado um chuveiro ou consertado a geladeira? Não! É praticamente impossível viver sem esses eletrodomésticos atualmente. Seu grande erro foi que, enquanto estava vivendo confortavelmente, antes de todos esses perrengues surgirem, Sebastião nunca pensou em guardar dinheiro para imprevistos e emergências. Só pensava no hoje, e essa é uma falha muito comum de quem não tem inteligência financeira.

> **O burro só pensa nos prazeres do hoje.**
> **O inteligente pensa nos prazeres do hoje e nas necessidades do amanhã.**

Não quero jogar praga em você, mas não tenha dúvida de que imprevistos surgirão em sua vida, e se você não tiver um valor reservado para resolvê-los, se tornará um grande candidato a entrar no *Ciclo da Desgraça*, onde começará a acumular dívida atrás de dívida. Quando perceber, se encontrará em um sufocante poço financeiro, sem encontrar caminhos de saída. A reserva de emergência serve para prevenir isso.

NÃO CONFUNDA RESERVA DE EMERGÊNCIA COM RESERVA DE OPORTUNIDADE!

Alguns especialistas recomendam que as pessoas montem, além da *reserva de emergência*, uma *reserva de oportunidade*, que seria um dinheiro para utilizar quando surgirem boas perspectivas, como um investimento interessante, um carro sendo vendido por um preço abaixo da tabela, uma viagem incrível que surgir pela metade do preço. Mas não confunda uma coisa com a outra! A reserva de emergência só deve ser usada em casos de urgência.

QUAL DEVE SER O VALOR DESSA RESERVA?

Via de regra, a reserva de emergência deve ter uma quantia capaz de sustentar você e sua família por seis meses, então você deve calcular o valor necessário para pagar suas despesas essenciais e multiplicar por seis. Digamos que sua família consiga sobreviver minimamente com 2 mil reais por mês. Então sua reserva de emergência ideal seria de 12 mil reais.

“Tá louco, Duda? Vou levar dezenove anos e meio só para juntar esse valor!”

Muita calma nessa hora. O valor ideal da reserva seria esse, pois garantiria um semestre inteiro de sustento em períodos de crises. Mas podemos considerar valores mais baixos. Como disse, a reserva de emergência também serve para “apagar incêndios imprevistos”, então se você reservar 3 mil reais, já estará bem mais provido que a maioria dos brasileiros, que normalmente não pensam nisso. Com uma reserva de 3 mil, você terá dinheiro para consertar uma geladeira, trocar um pneu ou pagar algum gasto emergencial, sem ter que recorrer a empréstimos, limite da conta com juros exorbitantes ou parcelamentos no cartão de crédito.

Além de garantir um dinheiro para pagar contas imprevistas, um valor para sobreviver em épocas de crise e de reduzir a possibilidade de endividamento, um dos grandes benefícios dessa reserva é a *paz* que ela vai te dar. Posso dizer isso com autoridade, pois desde que eu e minha esposa juntamos nossa reserva, logo após nosso casamento, nunca mais vivemos agoniados com nada. Mesmo que surjam imprevistos, eles não nos desesperam, nem nos pegam desprevenidos, pois temos um valor para nos resguardar em situações inesperadas. Pense a respeito e lembre-se:

- A reserva de emergência só deve ser usada em casos de emergência. Você não deve sequer cogitar usar esse dinheiro para pagar uma pizza ou fazer uma viagem com a família ao litoral. Esse dinheiro deve ser usado única e exclusivamente em casos de urgência.
- O ideal é que a reserva seja suficiente para sustentar você e sua família por seis meses, mas se você não conseguir juntar tanto assim, tente montar uma reserva de, ao menos, 3 mil reais para situações emergenciais. Já estará melhor que 99% dos brasileiros.
- Após juntar esse valor, você pode começar a investir ou gastar um pouco mais com os prazeres da vida, mas enquanto não tiver sua reserva de emergência, trate-a como prioridade. E sempre que usar sua reserva de emergência ou parte dela, reponha o valor que foi utilizado, para que a reserva esteja sempre à sua disposição.

8. OS TRÊS AMIGOS DO ENRIQUECIMENTO

FÓRMULAS MÁGICAS DE ENRIQUECIMENTO, NORMALMENTE, SÓ ENRIQUECEM O DONO DA FÓRMULA.

Desde o início dos anos 2000, temos visto o avanço das redes sociais, onde podemos compartilhar ideias, frases, fotos e vídeos com amigos e conhecidos. Lembro que, na minha adolescência, criaram um programa revolucionário para troca de mensagens de texto instantâneas chamado ICQ. A gente ficava impressionado com a possibilidade de trocar mensagens tão rapidamente com pessoas distantes. Alguns anos depois, esse programa foi desbancado por outra novidade, chamada MSN Messenger. Foi algo realmente inovador, mas o que levou os brasileiros ao delírio foi o Orkut, que, a partir de 2004, conquistou mais de 40 milhões de usuários no país – a maior comunidade do mundo na época.

Ao que parece, as redes sociais têm vida curta. O Orkut, apesar de ser viciante, foi largado às traças e perdeu o posto para o Facebook, que logo se tornou a rede social com maior número de usuários no mundo: mais de 1 bilhão de pessoas.

Algo que percebi ao longo desses anos é que as redes sociais faziam as pessoas se sentirem mais populares, baseado na quantidade de amigos e conhecidos que tinham em seus perfis. Na época do Orkut, eu me gabava por ter mais de mil amigos na minha página. Fazia tempo que não entrava no meu Facebook, mas acessei e vi que, apesar de quase não usar a plataforma, ainda tenho mais de 2.500 amigos por lá. Quanta ilusão. No fundo, nós sabemos que temos poucos amigos de verdade. Talvez menos de 1% desses ilusórios números das redes sociais.

Mas o que isso tem a ver com educação financeira? Tem a ver que, assim como nós, o enriquecimento tem poucos amigos. Na verdade, apenas três: *trabalho*, *simplicidade* e *investimento*.

Muitos ditos especialistas tentam divulgar fórmulas milagrosas, regras e chaves secretas, pilares mágicos para alcançar o enriquecimento, mas eu afirmo que, na maioria das vezes, isso é puro papo besta para tentar te seduzir emocionalmente e enfiar goela abaixo algum curso ou palestra. O caminho real e confiável para o enriquecimento tem apenas esses três amigos como etapas.

Em outras palavras, vou escrever em apenas três linhas tudo que você precisa para sair do buraco, caso esteja em um, ou para nunca entrar num buraco, caso não esteja em um:

- Ganhe dinheiro
- Junte dinheiro
- Invista dinheiro

Se você entender e praticar esses três princípios, sua vida financeira mudará de rumo. O grande ponto é se você é uma pessoa determinada e persistente ou não. Eu garanto que isso vai mudar a sua vida, mas vamos nos aprofundar com calma nesses pontos.

TRABALHO

DUDA, QUAL É O MELHOR APLICATIVO DE CELULAR PARA GANHAR DINHEIRO?

É O DESPERTADOR. ACORDE CEDO E VÁ TRABALHAR, MISERÁVEL.

Há mais de cem anos, o sociólogo alemão Max Weber afirmou que "o trabalho enobrece o homem". Hoje, o youtuber Eduardo Feldberg acrescenta que, além de enobrecer, o trabalho enriquece o homem. Comecemos por aqui.

Para qualquer tentativa de enriquecimento, você precisará aumentar seus recebimentos e, para isso, terá que trabalhar. Sinto te informar, mas se você nasceu pobre, terá que se esforçar mais que os outros. Não adianta tentar esconder esse fato, você precisa trabalhar e trabalhar muito, pois é assim que aumentará sua renda e terá condições de construir seu patrimônio.

Hoje em dia, vemos por aí várias fórmulas mágicas para se ganhar dinheiro fácil ou para enriquecer sem precisar trabalhar, mas minha dica é: não perca tempo! Comece logo a trabalhar, pois esse é o melhor caminho para a mudança de vida. Em vez de ficar pesquisando vídeos de "Como ficar milionário usando o celular 20 minutos por dia", trabalhe!

É nessa hora que muita gente desabafa, dizendo que já trabalha muito, mas, mesmo assim, não consegue mudar de vida. Pode ser que seu dinheiro esteja escoando pelo ralo por falta de sabedoria nos gastos, mas pode ser que você precise simplesmente trabalhar mais para ganhar mais.

Sempre que eu compartilho uma caixa de perguntas no meu Instagram, para que os seguidores enviem suas dúvidas, recebo mensagens do tipo:

"Duda, eu ganho 1.400 reais, gasto pouco, não esbanjo com nada, mas, mesmo assim, não consigo pagar minhas contas. O que eu faço?"

A resposta é simples: se o seu salário não está sendo suficiente para você sobreviver, você precisa trabalhar mais. Contudo, muita gente acaba desistindo aqui, pois ouvir que "precisam trabalhar mais" não é algo muito agradável. Nós queremos uma solução prazerosa. Algo como um prêmio da Mega-Sena, uma herança de um tio finlandês por parte da tia-avó que não sabíamos da existência, mas eu reforço: em vez de ficar perdendo tempo com atalhos, trabalhe!

ENRIQUECENDO SEU CHEFE

Antes de virar youtuber, trabalhei por quase vinte anos como CLT em diversas empresas, então sei bem como é desanimador se empenhar, tentar ser o melhor funcionário possível e a pessoa mais proativa da empresa, trazer soluções que geram economia para a instituição e, no final, ser recompensado com um dissídio ou reajuste salarial de 3% ao ano – que, além de irrisório, é igualmente concedido aos piores funcionários da empresa, inclusive aqueles que não faziam o próprio trabalho e sobrava para você.

Às vezes, isso acontece em empresas pequenas, com pouco faturamento, mas, às vezes, acontece em grandes empresas, onde os donos ganham rios de dinheiro, mas se recusam a compartilhá-los com os colaboradores.

Por outro lado, sabemos que o índice de desemprego no Brasil ainda é muito alto e, assim, acabamos nos acostumando com a ideia de que o pouco injusto é melhor do que nada. O que fazer?

Em primeiro lugar, aprenda a não se acomodar. Se você é um funcionário excelente, que se esforça para alcançar os melhores resultados, se empenha em evoluir e aprender e traz bons resultados e soluções para a companhia, mas, ainda assim, não é nem um pouco valorizado, continue trabalhando, mas comece a procurar outras possibilidades melhores. Envie currículo, se cadastre em plataformas como Catho ou LinkedIn e procure novas oportunidades.

Em segundo lugar, sempre que possível, tente trabalhar em algo que te pague na mesma proporção dos seus esforços e resultados. A maioria das empresas remunera os funcionários conforme a jornada de trabalho, então tanto o funcionário ruim quanto o funcionário bom trabalham 44 horas por semana e, no quinto dia útil, recebem a mesma coisa. O problema maior é que, em muitos casos, mesmo que você faça horas extras e trabalhe muito mais do que foi contratado para trabalhar, no início do próximo mês, seu salário será o mesmo. A ideia que quero sugerir é que você procure algum emprego que te pague conforme o seu trabalho e desempenho. Vou dar dois exemplos, só para você entender o raciocínio.

Vendedor: Um vendedor normalmente trabalha bastante, vai de um lugar a outro todos os dias, mas isso é compensado, pois ele recebe comissão; ele sabe que quanto mais trabalhar, maior será seu salário no final do mês, e quanto mais capacitado e convincente ele for, mais clientes terá em sua carteira, aumentando a sua renda.

Motorista de Aplicativo: É outro exemplo de trabalho que gera uma recompensa maior, conforme o número de horas que você trabalhar. Pelo que pesquisei em sites voltados para motoristas de aplicativo, alguém que trabalha 40 horas por semana recebe, em média, 3.500 reais de renda líquida mensal. É claro que isso pode variar de cidade para cidade, mas perceba que se trata de um valor equivalente a quase três salários mínimos por uma jornada igual ou até menor que a da maioria dos brasileiros. Por outro lado, se esse motorista se empenhar e resolver trabalhar duas horas a mais por dia ou incluir algumas horas nos finais de semana em sua jornada, seu salário pode ultrapassar 5 mil reais por mês. É outro exemplo em que a remuneração da pessoa aumenta, conforme seu esforço e comprometimento.

Não usei esses exemplos para recomendar essas profissões ou para dizer se são melhores ou piores que outras, mas para elucidar o raciocínio de que, em alguns tipos de trabalho, independentemente de quanto você se esforce, seu salário será o mesmo, enquanto em outros, quanto mais você trabalhar, maior será a sua recompensa.

RENDA EXTRA

É muito popular a afirmação de que, se você realmente deseja ganhar dinheiro e ficar rico, precisa se tornar seu próprio chefe, ou seja, montar seu próprio negócio. O problema é que montar uma empresa não é fácil e exige muito aprendizado e planejamento. Segundo pesquisa do Sebrae,[18] 50% das micro e pequenas empresas fecham as portas em menos de 5 anos.

Por isso, não é aconselhável que você troque um emprego certo por uma empreitada duvidosa, a menos que tenha feito um ótimo planejamento, montado uma boa reserva de emergência e juntado um bom capital inicial, ou seja, os recursos necessários para iniciar seu novo empreendimento.

Por outro lado, nada te impede de começar seu próprio negócio paralelamente ao seu emprego principal. E é aqui que entra a possibilidade de incluir uma renda extra em seu dia a dia. Apesar de alguns menosprezarem essa ideia, a renda extra, muitas vezes, se torna a porta de entrada para o empreendedorismo.

Várias pessoas já me escreveram dizendo: "Duda, eu trabalho e ralo há anos, mas não consigo mudar de vida nunca". Caso não tenha reparado, a maioria dos trabalhadores brasileiros trabalha muito e continua pobre, por isso, é preciso fazer algo mais. Algo além do que todos fazem.

Se você fizer o mesmo que a maioria faz, vai colher os mesmos resultados que a maioria colhe, e, no Brasil, a maioria está endividada.

Você sabia que 35% dos assalariados no Brasil recebem apenas um salário mínimo por mês?[19] No momento em que escrevo este livro, isso equivale a míseros 1.320 reais. Por outro lado, sabia que existem dezenas de milhares de pessoas que conseguem tirar, por mês, mais que o dobro disso só fazendo rendas extras? Pois é! Enquanto muita gente rala o dia todo, nove horas por dia para ganhar um salário mínimo, outras pessoas ganham um valor maior que esse trabalhando apenas três horas por dia ou fazendo "bicos" aos sábados e domingos.

Alguma vez você já pensou na possibilidade de iniciar uma renda extra para otimizar seus recebimentos ou de desenvolver novas habilidades que possam se converter em um complemento de renda, além do seu trabalho, nas suas horas vagas ou finais de semana? O legal disso é que você não precisa abrir mão do seu emprego atual. Pode fazer algo ao mesmo tempo que trabalha e garante seu salário todos os meses. A gente já trabalha tanto, e sei que não é agradável ouvir que ainda temos que fazer mais, mas pense que esse esforço será temporário. Talvez um ou dois anos sejam suficientes para você conseguir, por meio da renda extra, sair das suas dívidas, organizar suas finanças e começar de novo, com mais sabedoria e prudência.

"Puxa, mas eu não quero ficar me matando assim por dois anos." Mas eu te pergunto: você prefere se empenhar e se esforçar por dois anos para sair da pobreza ou continuar pobre pelo resto da vida? Talvez você precise se esforçar muito por um *prazo específico*, para garantir qualidade de vida pelo resto dos seus dias. No final deste livro, vou dar algumas sugestões de rendas extras, mas, antes, quero compartilhar uma história pessoal com vocês.

O ANO DO CÃO

No início de 2021, quando meu canal de finanças ainda não tinha se popularizado, meu salário era relativamente baixo; eu estava recém-casado e não via a hora de quitar o financiamento imobiliário que havia assinado e que teria duração prevista de 30 anos. Pensei comigo mesmo: "Ninguém merece ficar por três décadas pagando um imóvel", então resolvi que iria trabalhar muito por dois anos inteiros, tendo em vista que, no final daquele período, se tudo desse certo, estaria com nosso apartamento quitado.

Naquela época, minha rotina era a seguinte: eu trabalhava em horário comercial, de segunda a sexta-feira, em uma escola de educação infantil. Como a escola ficava a duas cidades de distância da minha, eu chegava em casa por volta das 20h30 e ia correndo para o quarto escrever roteiros para meus dois canais do YouTube (o de música, que tenho desde 2013, e o *Primo Pobre*, recém-criado). Após escrever os roteiros, eu iniciava as gravações dos vídeos, fazia as edições no meu computador (que era mais lerdo que um jabuti com cãibra), programava a publicação dos vídeos nos meus canais e, por último, criava todas as artes para as redes sociais. Havia dias em que esse processo se encerrava às 3h ou 4h da madrugada, mesmo que, no dia seguinte, eu tivesse que acordar cedo e ir trabalhar na escola novamente.

Além disso, eu arranjava tempo para gerenciar minha banda chamada *Mirus Músicos*. Como minha primeira formação foi na área de música, criei um grupo musical para tocar em eventos. Tocávamos tanto em celebrações pequenas, como casamentos, quanto em grandes, como formaturas na Sala São Paulo e Pavilhão do Anhembi. Era um trabalho extremamente exaustivo, tanto físico quanto mentalmente, pois eu tinha que ensaiar a banda, organizar o evento e, em geral, era responsável por toda a parte de sonoplastia. Fazia isso aos finais de semana, mas, apesar do cansaço, valia o esforço, pois me rendia uma boa renda extra. Houve meses em que lucrei mais de 3.500 reais só com esses serviços.

Fora isso, como eu tenho uma segunda formação na área de produção audiovisual, também fazia (e faço até hoje) trabalhos de edição de vídeos em estúdios e sites para empresas. Também achava tempo para dar aulas particulares de violão, bateria e teoria musical.

Todos esses trabalhos mais do que dobravam meus recebimentos mensais. Essa rotina foi extremamente exaustiva, mas quando eu me via cansado e sobrecarregado, sempre trazia à memória que era um sacrifício *temporário* para garantir tranquilidade para minha família pelo resto da vida. O que me animava era a convicção de que era melhor "sofrer" por um ou dois anos, do que ser pobre o resto da vida.

Os valores que eu ganhei naquele ano, somados ao salário da minha esposa, que também trabalhava e fazia renda extra com a venda de bolsas e outros itens artesanais de fio de malha, foram suficientes para organizarmos plenamente nossa vida financeira, quitarmos nosso apartamento e alcançarmos uma situação financeira muito boa. Eu chamo o ano de 2021 de *Ano do Cão*, pois foi um ano bem estressante, mas hoje, olho para trás e não me arrependo de nada. Se eu não tivesse feito aquelas escolhas e sacrifícios, hoje eu não estaria na situação que estou e, provavelmente, nem existiria o canal *Primo Pobre*. Eu poderia simplesmente dizer "eu já trabalho demais e não tenho tempo para isso". Mas eu fiz dar. E valeu a pena!

Recentemente, recebi uma mensagem de um seguidor do canal agradecendo pelas dicas que passei nos vídeos "Minhas 17 fontes de renda" e "Investimento de pobre não muda a vida de ninguém". Segundo ele, a situação financeira da sua família estava caótica, ele estava totalmente endividado e sua família estava passando muitas necessidades, o que o estava levando a um início de depressão e ele não sabia mais o que fazer. Contudo, ao assistir os vídeos acima, entendeu que teria que se esforçar, trabalhar mais e correr atrás de renda extra, caso quisesse mudar aquele cenário. Ele percebeu que, se continuasse apenas fazendo o que fazia e ganhando o que ganhava, sua situação não mudaria em nada.

Foi então que reuniu forças e decidiu juntar uma renda extra como motorista de aplicativos após seu horário de trabalho. Ele acordava às 7h para ir ao trabalho, saía da empresa às 17h e, em seguida, trabalhava como motorista de aplicativo até a meia-noite, chegando em casa de madrugada e totalizando 16 horas trabalhadas por dia. Agora veja que incrível: sua ideia era fazer isso por cerca de dois anos e juntar dinheiro para quitar suas dívidas. Em apenas seis meses, o valor que ele ganhou com sua segunda fonte de renda foi suficiente para quitar todas as dívidas e montar uma reserva de emergência de mais de mil reais.

Você percebe que, por ele ter se empenhado, ter se esforçado mais que o normal por um semestre, ele conseguiu quitar todas as suas pendências financeiras, montar uma reserva de emergência e mudar todo o cenário da sua família? Se ele não tivesse feito nada, os seis meses teriam passado do mesmo jeito: ele continuaria agoniado, infeliz, preocupado, com início de depressão e com uma dívida ainda maior. Sem dúvidas, aquele semestre foi frenético, cansativo, estressante, mas hoje, o cenário financeiro daquela casa é totalmente outro, com uma vida mais tranquila, e o marido não precisa mais dobrar sua jornada de trabalho, só precisa estudar e aprender a administrar essa nova etapa de sua vida.

Logicamente, deve haver um equilíbrio no sentido de sabermos dosar nosso tempo de trabalho, nosso tempo com a família e nosso tempo de lazer, mas se você quer mudar de vida, talvez precise "ralar" um pouco mais por um *período* para desfrutar de todo esse equilíbrio em um futuro próximo.

Às vezes, esse esforço nem precisa ser algo tão frenético assim. Conheço uma senhora que trabalha como auxiliar de serviços gerais e ganha 1.500 reais de salário. Ela tinha um sonho de mudar de casa, mas, com aquele salário, não conseguia avançar muito, então resolveu fazer bolos para complementar sua renda. Com o aumento da clientela, ela dobrou sua renda, e, segundo ela, nem foi algo tão exaustivo. A maioria dos pedidos era feito aos finais de semana, e ela lidou tão bem com a nova rotina que, mesmo após ter mudado de casa, manteve sua segunda fonte de renda.

Quero te incentivar a fazer o mesmo. Pode ser que você tenha um ritmo maior ou menor que o de outras pessoas, mas o importante é pensar que, se o seu salário não está sendo suficiente, você terá que fazer algo mais para otimizar sua renda.

No final deste livro, separei um capítulo com dezenas de sugestões de rendas extras para você complementar sua renda.[20]

"Se você não está verdadeira e plenamente determinado a fazer fortuna, o mais provável é que não a obtenha mesmo."[20]

SIMPLICIDADE

A MAIORIA DOS POBRES NUNCA REALIZA GRANDES SONHOS, PORQUE ESTÁ SEMPRE GASTANDO DINHEIRO COM PEQUENOS DESEJOS.

No início do ano, assisti a um documentário chamado *Minimalismo Já*, disponível na Netflix, que me trouxe muitas reflexões. Na produção, dois amigos mostram como as pessoas têm costume de acumular coisas demais, mesmo sendo possível viver mais felizes com muito menos. Segundo os apresentadores, os lares americanos têm, em média, 300 mil itens, e, certamente, é possível viver com muito menos que isso.

O autor e especialista em minimalismo Ryan Nicodemus percebeu que estava comprando e guardando coisas demais sem necessidade, então resolveu fazer um experimento: encaixotou absolutamente tudo que tinha, para ver o que de fato precisava para viver bem. Algumas semanas depois, chegou à conclusão de que 80% dos seus pertences eram totalmente desnecessários e continuavam encaixotados.

A princípio, o termo *minimalismo* se referia a um movimento artístico e cultural ocorrido ao longo do século XX, para expressar, por meio das artes ou da comunicação, o mínimo de elementos estruturais possível. Com o passar do tempo, esse movimento avançou para outras áreas, e, hoje, o minimalismo também é visto como um estilo de vida que prega o desapego aos excessos materiais, uma rejeição ao consumo desenfreado. Uma tentativa de viver satisfatoriamente, adquirindo e consumindo apenas o básico.

Como vimos anteriormente, o valor que ganhamos todos os meses é muito importante, mas a forma com que gastamos esse dinheiro é tão importante quanto – afinal, de que adianta ganharmos tanto dinheiro, se não soubermos como utilizá-lo? Lembra do exemplo do cirurgião plástico que ganhava 30 mil por mês?

E é aqui que entra a simplicidade e o minimalismo. Se o primeiro passo em direção ao enriquecimento é o trabalho, para garantir que entre dinheiro em nossa conta, o segundo passo é a simplicidade, para garantir que esse dinheiro não saia de lá com gastos inúteis e mal pensados.

O conceito do minimalismo é muito simples: procure viver com o mínimo possível. E o propósito por trás desse estilo de vida não é valorizar a avareza ou a miséria, mas, simplesmente, deixar de lado tudo aquilo que, na verdade, não é necessário. Você já parou para contar quantas peças de roupa você tem? Será que precisa mesmo comprar sua décima terceira calça? Não sei se você é como eu, mas, apesar de ter umas quinze camisetas, costumo usar sempre as mesmas quatro ou cinco. Para que comprar mais uma? Quanto você já gastou com vasos e objetos decorativos para seu apartamento? Ele é tão grande a ponto de precisar de tantas coisas? Quantos olhos você tem? Precisa mesmo de quatro óculos de sol? Viver com menos pode te trazer mais tranquilidade, menos bagunça e mais liberdade do que ter um armário abarrotado ou uma casa repleta de bugigangas desnecessárias.

Seja minimalista, até que sua vida financeira comece a mudar, e, então, você passe a desfrutar melhor do seu salário.

CONSUMISMO

O consumismo, o oposto do minimalismo, é o estilo de vida guiado por um constante desejo de adquirir bens e produtos. Está relacionado ao consumo exagerado de coisas, geralmente supérfluas e desnecessárias. É um grande inimigo do enriquecimento, pois faz com que as pessoas gastem tudo que ganham com desejos passageiros.

A mídia tem muita culpa nisso. Com propagandas cada vez mais impressionantes e apelativas, tenta confundir nossa percepção sobre desejos e necessidades e nos convencer de que itens fúteis e descartáveis são essenciais para sermos felizes.

Nós somos as vítimas dessa supervalorização das coisas, mas, com frequência, temos culpa no cartório. Segundo pesquisas,[21] o povo brasileiro é o segundo do mundo que mais passa tempo na internet. As poucas horas que nos restam após dormir e trabalhar são gastas em frente a uma tela, que nos bombardeia com anúncios e propagandas de empresas que, devido aos algoritmos e à tecnologia, sabem exatamente como nos seduzir a considerar como necessidades os pequenos desejos que temos. Para algumas pessoas, as redes sociais são extremamente prejudiciais. Fotos no Instagram e vídeos no TikTok induzem as pessoas a comparações, para mostrar quanto elas precisam gastar para ter o mesmo que seus amigos.

> **Se você não tem educação financeira e controle emocional, vá passear em um parque, não em um shopping.**

Nos viciamos em comprar coisas. Quantas vezes adquirimos itens dispensáveis só porque estavam em promoção? Quantas vezes precisávamos de apenas um item, mas acabamos levando vários, por causa de promoções do tipo "Pague 2, Leve 3"? Independentemente do tamanho do desconto, a não ser que você seja um revendedor, comprar algo que não precisa, seja por 100 reais ou por 50, é pura perda de dinheiro. Como diria o famoso Julius, pai do protagonista na série *Todo mundo odeia o Chris*, "se eu não comprar nada, o desconto é maior". Gastar 50 reais por algo inútil, em vez de 100 reais, não é nenhum benefício. É apenas uma redução de prejuízo.

Se você for uma pessoa consumista, que gosta de gastar o salário com tudo quanto é coisa, você precisa decidir entre se manter assim e morrer na pobreza ou abrir mão desses prazeres por um tempo até conseguir realmente mudar de vida e alcançar o padrão financeiro que deseja.

Cuidado com a ideia de que comprar coisas vai preencher seu vazio existencial. O máximo que o consumismo pode fazer é gerar rápidos momentos de alegria, mas formar dívidas que te atormentarão por meses. Se você tem dúvidas sobre a real necessidade de um produto, não o compre. Aprenda a se satisfazer com o que você tem. Não estou dizendo que você não pode satisfazer desejos. Pelo contrário! *Faz bem presentear a si mesmo com itens que não são, puramente, necessários.* Só tome cuidado para não ser insaciável em seus desejos.

O consumismo é tão forte que, em alguns casos, suas vítimas precisam até de ajuda psicológica para conseguir se controlar. Se for o seu caso, procure ajuda! Provavelmente, custará menos que o prejuízo de um consumo compulsivo. Tente não deixar que sua felicidade só se consolide ao conquistar coisas. Procure ser feliz em ser alguém melhor, em estar com pessoas boas, em visitar lugares legais. Ocupe sua mente e se desligue das telas e redes sociais.

SEJA SIMPLES

A simplicidade exige esforço, e é esse esforço que tem mudado a vida de muita gente. Aqui, a necessidade de controle emocional se evidencia. Se você é alguém impulsivo, que faz compras descontroladamente, sempre acabará se endividando e trabalhando para pagar pequenos prazeres. Podem ser até bons, mas esse "bom" te impedirá de alcançar o "ótimo".

> Quem não sabe dizer "não" aos pequenos desejos nunca comemorará as grandes conquistas.

Ao viver de forma simples, sobrará mais dinheiro para montar seu patrimônio. Como muita gente tem dificuldade em entender esse raciocínio, reforço novamente que não estou falando para você deixar de curtir e desfrutar a vida. Só estou dizendo que, se você deseja sair da pobreza e enriquecer, precisa sobrar dinheiro na sua conta todo mês e, para que isso aconteça, você precisa gastar menos. É uma característica infantilizada achar que se pode ter tudo sem ter que abrir mão de nada. Tenha equilíbrio. Curta sua vida, mas nunca deixe de pensar no amanhã, pois é pensando no amanhã que você enriquecerá.

O pobre burro, quando tem, gasta.
O pobre inteligente, quando tem, junta.

DIVIRTA-SE COM POUCO

Há por aí uma crença limitante que diz que custa caro curtir a vida e ser feliz. Não, não custa! Eu e minha esposa fazemos muitas coisas legais todo mês: jogamos vôlei no parque, fazemos passeios noturnos de bicicleta, assistimos a concertos musicais no SESC ou na Sala São Paulo, visitamos centros culturais, museus e muitas outras coisas sem gastar um centavo sequer.

Aprenda a curtir a vida gastando pouco e vivendo com simplicidade.

No clássico *Casais inteligentes enriquecem juntos*,[22] o autor Gustavo Cerbasi escreve uma frase que gosto muito:

Vocês começarão a enriquecer mais rapidamente quando perceberem a importância das coisas que não custam nada.

Além das diversas opções de lazer e diversão gratuitas, é possível economizar curtindo com moderação. Por exemplo, em vez de ir ao cinema do shopping mais caro da sua cidade, na sessão de sábado, às 21h, sala 4D, que normalmente cobra mais de 70 reais pelo ingresso, tente ir a uma sala mais simples de um shopping do seu bairro. Sessões às segundas ou terças-feiras costumam ser bem mais baratas, e você gastará quatro ou cinco vezes menos no valor de cada ingresso. No mês passado, eu e minha esposa fomos duas vezes ao cinema de terça-feira à noite. Além do valor da sessão custar metade do preço nesse dia, ainda consegui cupons de desconto para pagar meia entrada e cada ingresso custou 11 reais. Somando os quatro ingressos nas duas idas ao cinema, gastamos um total de 44 reais. Se tivéssemos ido em um shopping mais caro, num dia da semana mais disputado, teríamos gastado mais de 200 reais. Aprenda a valorizar mais a companhia de seu parceiro e de seus amigos, do que o tecido do banco do cinema.

Quando sua situação de vida melhorar, você poderá, caso faça questão, ir às salas de cinema mais caras – mas, por enquanto, por um tempo, tente ser mais simples.

INVESTIMENTOS

MUDAR DE VIDA E ENRIQUECER NÃO É FÁCIL NEM RÁPIDO, MAS É POSSÍVEL. MUDAR DE VIDA SEM INVESTIR TODO MÊS NÃO É APENAS DIFÍCIL, MAS IMPOSSÍVEL.

Filho de uma editora de jornais e de um corretor de ações, o pequeno Warren Buffett nasceu em 30 de agosto de 1930. Nesta época, os Estados Unidos ainda sofriam com as consequências da Grande Depressão, considerada a maior crise financeira da história estadunidense, e Warren passou por apertos financeiros. Seu pai perdeu o emprego, mas logo tentou ganhar a vida empreendendo e abrindo seu próprio negócio. Foi um exemplo para o filho, que, aos 6 anos, já começou a trabalhar, ganhando seus primeiros dólares entregando jornais às 6h da manhã e vendendo chicletes e refrigerantes durante o dia pelas ruas do bairro.

Disposto a ganhar dinheiro, Warren começou a estudar sobre investimentos na biblioteca de sua cidade e, aos 11 anos, fez seu primeiro investimento, comprando algumas ações na Bolsa de Valores. A partir daí, se empenhou em estudar cada vez mais para aprimorar suas habilidades como investidor, e foi muito bem-sucedido. Warren Buffett é considerado por muita gente como o maior investidor de todos os tempos.

Sua fortuna hoje é avaliada em 112,8 bilhões de dólares, equivalente a mais de meio trilhão de reais. Sim, eu disse *trilhão*! Warren está há anos na lista dos homens mais ricos do mundo e possui diversos investimentos diferentes em sua carteira – só para te impressionar, no ano de 2022, ele teve um lucro de 704 milhões de dólares só com os resultados de seus investimentos na Coca-Cola. Isso equivale a quase 10 milhões de reais caindo em sua conta... Por dia!

Uma das frases de Warren Buffett que mais gosto é: "Se você não encontrar um jeito de ganhar dinheiro enquanto dorme, você trabalhará até morrer". Mas afinal, o que é um investimento?

Você já deve ter ouvido por aí que "dinheiro não dá em árvore", certo? Pois é... Mentiram para você. Ele dá em árvore, sim, e o nome dessa árvore é *investimento*. Imagine um lugar onde você "planta" seu dinheiro e ele se multiplica, dando inúmeros "frutos" todo dia, mês ou ano. Investimentos fazem exatamente isso. Nele, você aplica seu dinheiro e faz com que ele cresça a cada dia, sem você ter que fazer mais nada, exceto aplicar seu dinheiro ali. E quanto mais você aplica, mais moedas essa árvore produz.

Se o primeiro passo em direção ao enriquecimento é o trabalho (para que você ganhe dinheiro) e o segundo é a simplicidade (para que você o acumule), o terceiro passo é o investimento, pois é ele que te ajudará a multiplicar esse dinheiro, te tornando mais rico a cada dia.

> **Se você quer mudar de vida e enriquecer, investir uma parte de tudo que você ganha é obrigatório!**

INVESTIR PARA QUÊ?

Realizar investimentos financeiros todos os meses é muito importante por diversos motivos, mas quero salientar três.

01) **MULTIPLICA SEU DINHEIRO:** Quando investimos nosso dinheiro, fazemos com que ele cresça e se multiplique sem termos trabalho algum, a não ser aplicar nosso dinheiro ali. É o que chamamos de *renda passiva*. Pense da seguinte maneira: *renda ativa* é tudo aquilo que exige muito trabalho e esforço para ganharmos, como nosso salário. Temos que trabalhar por 20 dias ou mais para ganhá-lo. Já a *renda passiva* é aquele dinheiro que recebemos sem termos que trabalhar por ele, como nos investimentos. Imagine você recebendo 100 reais, 1.000 reais ou 10 mil reais todo mês, sem ter que trabalhar por isso. Esse é um dos maiores benefícios do investimento. É uma árvore que produz frutos monetários para você.

02) **TRANQUILIZA SEU FUTURO:** Os investimentos são uma excelente maneira de nos preparar para o futuro e garantir tranquilidade e qualidade de vida para nós e nossa família lá na frente. Quanto mais dinheiro a gente investe, maior a renda passiva que recebemos todos os dias, meses ou anos de volta. Talvez seus investimentos iniciais não sejam tão expressivos, mas, ao longo do tempo, com o aumento do seu patrimônio, a renda passiva produzida pode produzir altíssimos rendimentos daqui a dez ou vinte anos, garantindo uma renda mensal muito maior que aquele salário mínimo pago a dois terços dos aposentados brasileiros pelo INSS. A maioria de nós não terá rendimentos multimilionários como o de Warren Buffett, mas garantir uma renda passiva de 3 a 6 mil reais por mês daqui a alguns anos é mais fácil do que você imagina. Inclusive, para quem ganha pouco. Veremos isso em breve.

03) **PROTEGE SEU DINHEIRO:** Os investimentos são muito importantes, porque nos ajudam a proteger nosso dinheiro dos efeitos arrasadores da inflação, evitando a perda do poder de compra. Vamos nos aprofundar um pouco nesse item agora.

Caso você não saiba, *inflação* é, basicamente, o aumento generalizado do preço das coisas. Como vemos no dia a dia, as coisas ficam cada vez mais caras. Eu me lembro que, quando criança, sonhava em ir ao McDonald's com meus pais para comer o famoso "Número 1". Na época, o combo que vinha com um Big Mac, um refrigerante e uma batata frita custava menos de 5 reais. Hoje em dia, com esse valor, não compro nem a batata frita. Se você tem mais de 30 anos, deve lembrar que, na década passada, era possível encher um carrinho de compras no supermercado com 200 reais. Hoje em dia, com esse valor a gente enche uma cestinha, e olhe lá! Isso ocorre porque o preço das coisas vai aumentando devido à inflação; portanto, se deixarmos nosso dinheiro parado, ele *perderá seu poder de compra*.

Digamos que hoje você tenha 100 reais e, com esse valor, consiga comprar uma calça *jeans* nas lojas *Renner*. É bem provável que, daqui a cinco anos, essa mesma calça custe bem mais caro; se os seus 100 reais não forem aumentando a cada ano, daqui a cinco anos você não conseguirá mais comprar uma calça com eles, pois seus 100 reais continuarão valendo 100 reais, mas o preço dos produtos terá aumentado muito, diminuindo o poder de compra do seu dinheiro.

Vamos pensar em outro exemplo. Suponhamos que você queira comprar um apartamento novo que custa 150 mil reais. Para isso, você juntará 1.500 reais do seu salário todos os meses e, pelos seus cálculos, daqui a 8,5 anos, terá juntado o valor necessário para adquirir seu imóvel à vista, sem ter que entrar em um financiamento. Seus cálculos estão matematicamente corretos. O problema é que, daqui a 8,5 anos, devido à inflação, os apartamentos novos não estarão mais sendo vendidos por 150 mil, mas sim por 200 mil. Se você apenas acumula seu dinheiro, mas não o investe, a cada ano que se passa, ele vale menos e tem um menor poder de compra.

É por isso que você precisa aplicá-lo em um lugar onde ele estará não apenas seguro, mas também terá uma rentabilidade, um aumento a cada dia ou mês, para pelo menos acompanhar o aumento do preço das coisas, ou seja, a inflação.

Vejamos, de forma prática, a diferença entre simplesmente *guardar* dinheiro e *investir* dinheiro.

GUARDAR DINHEIRO: Imagine que você trabalha e consegue juntar 300 reais por mês. Se por 30 anos você guardar esse valor todos os meses embaixo do seu colchão, no final do prazo, você terá acumulado um total de 108 mil reais.

INVESTIR DINHEIRO: Imagine que você trabalha e consegue juntar 300 reais por mês, mas, em vez de guardar esse dinheiro embaixo do colchão, você o invista todos os meses em uma aplicação que renda 10% ao ano. No final do trigésimo ano, seu saldo total estará acumulado em 618.852 reais.

Você notou que, em ambos os casos, o valor do aporte mensal e o prazo foram os mesmos? A diferença entre a pessoa que simplesmente guardou o dinheiro e a que investiu o dinheiro é de mais de meio milhão de reais, ao término dos 30 anos. Por isso o investimento é tão importante: ele te ajuda, não somente a poupar, mas a fazer com que seu dinheiro se multiplique ano após ano. Isso se dá por conta dos juros compostos, que é um recurso matemático incrível que pode mudar a vida de qualquer pessoa.

Como esse conceito é um pouco mais complexo, sugiro que acesse o QR CODE ao lado para assistir a uma aula completa em que explico o que são juros e qual a diferença entre juros simples e juros compostos, mas já adianto que é algo que pode transformar sua vida, mesmo que ganhe pouco por algum tempo.

Creio que a maioria de nós não teve aulas de educação financeira na escola e, por não aprendermos sobre o poder dos investimentos, temos a tendência de achar que só na velhice desfrutaremos de paz e liberdade de tempo. Porém, quero trazer duas reflexões:

01) Não pense que o simples fato de se aposentar te permitirá parar de trabalhar. Além da grande improbabilidade de o sistema previdenciário do país conseguir garantir a aposentadoria dos brasileiros daqui a 20 ou 30 anos, existe o fato de que, hoje, de cada dez aposentados no Brasil, sete ganham apenas um salário mínimo, o que dificilmente proporcionará a um idoso uma boa qualidade de vida e meios de pagar suas contas. Só o plano de saúde de um idoso custa mais de mil reais. E é por isso que milhões de brasileiros com mais de 60 ou 70 anos precisam continuar trabalhando para complementar a baixa aposentadoria que recebem.

02) As pessoas, normalmente, relacionam o período de liberdade de tempo e dinheiro à velhice, mas, com um pouco de estudo e disciplina, é possível alcançar a liberdade e independência financeira muito antes dos 50 anos. Você sabia que se você investir 20% do seu salário todos os meses em algum investimento com rentabilidade de 1% ao mês, daqui a 15 anos, você terá um patrimônio grande o bastante a ponto de te proporcionar uma renda passiva mensal do mesmo valor que seu

salário atual? Assim, quanto antes você começar a investir, mais rápido alcançará sua liberdade financeira. Talvez, muito antes da velhice.

Somos culturalmente condicionados a pensar que devemos estudar até os 22 anos, trabalhar até os 65 ou 70 anos para então, desfrutar de liberdade, mas esse planejamento não é muito animador. Os investimentos possibilitam alcançar essa liberdade muito antes do que o previsto.

Dito isso, é importante esclarecer que a ideia dos investimentos não é, prioritariamente, fazer você ganhar dinheiro, mas sim multiplicar o dinheiro que você aplica. Por isso, lembre-se dos três amigos do enriquecimento. Se você não trabalhar e poupar, não terá dinheiro para investir. E quanto mais dinheiro você conseguir investir, mais rápido montará seu patrimônio e sairá da pobreza.

> **Os investimentos não servem para você ganhar dinheiro, mas sim para multiplicar o dinheiro que você ganha trabalhando.**

DICAS IMPORTANTES

Se você deseja iniciar sua vida como investidor, vou deixar quatro dicas importantíssimas para você:

01) INVISTA TODO MÊS

Se você quer ver seu patrimônio crescer, não basta fazer um investimento. É preciso se tornar um investidor. Investir uma única vez não fará de você um investidor, assim como correr atrás do ônibus que já está saindo do ponto não faz de você um atleta. Investidor é a pessoa que tem regularidade e disciplina em seus investimentos. Se proponha a investir um valor todo mês, pensando, principalmente, no longo prazo, ou seja, na mudança que isso fará em sua vida daqui a dez anos ou mais.

Neste ponto, muitas pessoas desanimam, ao pensar que os investimentos levarão muito tempo para produzir resultados expressivos, mas lembre-se de que, a não ser que você morra, os dez anos vão chegar, você querendo ou não. Não é melhor você ter 10 mil, 50 mil ou 100 mil reais na sua conta daqui a uma década, do que continuar sem nada quando chegar lá?

> Que daqui a dez ou vinte anos, você se orgulhe das escolhas que fez hoje.

02) NÃO INVISTA O QUE SOBRA

É comum as pessoas receberem o salário, pagarem o financiamento imobiliário ou aluguel, fazerem as compras do mês no supermercado, quitarem todas as contas de consumo como água, luz, telefone, boleto da TV a cabo e plataformas de *streaming*, separarem um dinheiro para comprar roupas e ir ao cinema, restaurantes… E, por fim, percebem que, naquele mês, sobrou 30 reais para investir.

Não posso dizer que 30 reais por mês sejam uma quantia desprezível – eu mesmo já investi valores menores que esse durante algumas fases da vida –, mas o problema do cenário acima é a falta de prioridade. Se você investe apenas "aquilo que sobra", os investimentos estão na última linha da sua lista de prioridades, quando deveriam estar nas primeiras, se você deseja mudar de vida! Quando você investe aquilo que sobra, corre o risco de não investir nada, e isso não é uma opção!

Quando receber seu salário, entenda que, custe o que custar, uma parte daquele valor líquido deve "obrigatoriamente" ser aplicado em algum investimento, e o restante do seu salário deve ser organizado para as demais despesas.

"Puxa, mas meu salário não dá para quase nada; se eu tirar uma parte dele para investir, não vou ter quase nada para curtir!"

Faz parte! Se você deseja mudar de vida, mas não está disposto a renunciar a nada para isso, não chegará muito longe. O caminho rumo à riqueza envolve renunciar a muitos prazeres… Temporariamente! Envolve reduzir despesas e pequenos prazeres por um período, a fim de conquistar algo muito melhor no futuro.

Dê importância e prioridade aos seus investimentos. Investimento não deve ser o "resto", mas sim um valor definido do seu salário. Assim como você deve separar um valor para pagar a conta de água, uma parte do seu salário deve ser, obrigatoriamente, separada para investimentos. Se você só investe o que sobra, não está levando a sério a importância dos investimentos.

03) NÃO DESANIME COM O VALOR

Muitos investidores que hoje são milionários começaram a investir usando moedinhas. No início, pode ser desanimador investir valores pequenos, como 10 ou 50 reais, mas não deixe que isso te afete! Lembre-se de que investimento não é coisa de rico, mas sim de quem deseja ficar rico, então não menospreze os começos humildes.

É claro que quanto maior o valor, melhor, mas nunca se esqueça de que toda grande jornada se inicia com um pequeno passo. Da mesma forma, seu futuro patrimônio pode se iniciar com pequenos aportes. O mais importante é a constância e a disciplina. Lembre-se que Warren Buffett ganhou 10 milhões de reais por dia com os dividendos da Coca-Cola em 2022, mas o início da sua trajetória foi investindo em trocados que ganhava com a venda de chicletes.

04) ESTUDE E COMECE

No mundo dos investimentos, há dois grandes erros cometidos pelos iniciantes. O primeiro é investir sem estudar. Sempre que você investe em algo que não entende, há mais chance de perder dinheiro do que de ganhar, então estude e aprenda antes de aplicar seu dinheiro em qualquer negócio.

> **Sempre que você tentar ganhar dinheiro com algo que não entende, é maior a chance de você perder dinheiro do que de ganhar.**

O segundo erro é o de estudar, ler artigos, fazer cursos, mas nunca começar a investir. Tem gente que já fez oito cursos, nove graduações, já assistiu 127 vídeos do YouTube, mas, até hoje, diz que não investe porque não sabe como fazer. Isso ocorre porque a pessoa estuda, estuda, estuda, mas nunca coloca a mão na massa.

No final do livro, vou dedicar mais um capítulo para nos aprofundarmos no tema de investimentos, mas, antes, quero compartilhar uma história que pode te ajudar a começar a investir.

A LIÇÃO DO ARROZ

No momento em que escrevo este livro, estou com 37 anos e, para a minha vergonha, até o início deste ano, eu nunca tinha feito arroz na vida. Desde que nasci, minha mãe sempre cozinhou para a família e, depois que me casei, graças a Deus, minha esposa sempre cuidou dessa parte (e cuida muito bem!), pois sou uma verdadeira jamanta em assuntos culinários. Só sabia fazer pipoca de microondas, miojo, fritar bife, batata frita, ovo frito e temperar saladas.

Eu me incomodava com o fato de ter quase 40 anos e não saber fazer uma bendita panela de arroz. Ao longo desses anos, dezenas de pessoas tentaram me ensinar, dizendo quantos dedos de água tinha que colocar, quantos dentes de alho tinha que amassar, quantas xícaras de arroz tinha que separar, mas mesmo com tanta gente tentando me ajudar, eu continuava me sentindo burro, por não saber cozinhar uma porção de arroz.

Até que, um dia, minha esposa teve que trabalhar fora, tinha acabado o miojo e eu decidi me aventurar e fazer o bendito arroz. Procurei no YouTube algum vídeo que ensinasse a cozinhar arroz em uma panela elétrica e comecei. (Eu sei... Não é nada desafiador, mas eu sou bem burro mesmo na cozinha) No vídeo, o cara dizia para refogar a cebola, e eu não sabia nem o que era refogar, mas, com o auxílio das imagens, consegui fazer tudo, passo a passo, e, em menos de meia hora, estava pronto meu primeiro arroz. Não ficou tão bom quanto o da minha esposa, mas eu comi e fiquei feliz, percebendo que não era tão burro quanto pensava.

A lição que eu extraio dessa história é que não importa quantas pessoas tentam te ensinar, nem quantos livros de receita você leia, enquanto você não botar a mão na massa (ou na panela) e tentar fazer o arroz, vai continuar se achando burro. E, da mesma forma, mesmo que você estude, leia artigos e livros sobre investimentos, faça dois ou três cursos, enquanto não abrir sua conta num banco digital ou corretora e investir seus primeiros 5 ou 10 reais, vai continuar se achando burro, pois sem a prática, não há aprendizado.

POSSO INVESTIR ESTANDO COM DÍVIDAS?

Levando em conta que a maioria dos brasileiros está endividada, será que é melhor quitar as dívidas antes de começar a investir? Normalmente sim, mas isso vai depender do tipo de dívida que você tem e dos juros dela. Via de regra, os juros das dívidas costumam ser muito maiores que os dos investimentos. Por exemplo, hoje, um bom investimento está rendendo na faixa de 8% a 12% ao ano. Em compensação, os juros do cartão de crédito são superiores a 300% ao ano. O prejuízo que você terá se não quitar logo suas dívidas é muito maior que a rentabilidade esperada de seus investimentos. Vamos para mais uma ilustração.

A ANALOGIA DO BEBÊ CAGÃO

Certa vez, minha esposa e eu fomos visitar alguns amigos que não víamos há anos. Fazia tanto tempo que não nos víamos, que fomos surpreendidos por dois filhos que aquele casal tivera há alguns anos. Uma menina com seus 6 a 7 anos (pode ser que tinha 11, eu sou péssimo em adivinhar idade de crianças) e o menino mais novo com 3 anos. Enquanto conversávamos com aquele casal, a mãe do menino percebeu que ele tinha feito cocô na fralda e o chamou para fazer a troca. O garoto começou a resmungar, dizendo que não queria. A mãe insistiu, dizendo: "Vem cá, meu filho. Deixe a mamãe te trocar. Vai ficar correndo por aí todo cagado?". Mas ele se recusou e saiu correndo para brincar.

Usando uma tosca analogia, quem quer investir dinheiro estando cheio de dívidas é como essa criança, que quer brincar estando toda cagada. De que adianta tentar ser feliz, se, no fundo, todo mundo sabe, inclusive você, que as coisas estão indo de mal a pior? Então minha recomendação é que você limpe sua bund... Ops, quer dizer, quite suas dívidas, para, depois, tentar investir.

Há alguma exceção? Sim! Quando suas dívidas forem longas demais, como o financiamento de um imóvel, ou tiverem juros bem baixos e estiverem dentro do seu orçamento, isto é, não estiverem prejudicando sua saúde financeira, você pode começar a investir desde já. Por exemplo, logo que me casei, me propus a quitar o financiamento imobiliário que eu e minha esposa contraímos, mas, como era um compromisso longo e o valor da parcela estava tranquilamente encaixado em nosso orçamento, nós usávamos uma parte do nosso salário para acelerar a quitação do nosso apartamento, por meio da técnica de amortização, e outra para iniciar nossos investimentos. Se, no seu caso, as dívidas são de cartão de crédito, limite da conta ou empréstimos com juros altos, com certeza, vale mais a pena se empenhar em quitá-las primeiro.

O mesmo princípio se aplica à reserva de emergência. Antes de começar a investir, se empenhe em montar sua reserva e garantir uma quantia para resolver imprevistos e emergências. Por quê? Porque alguns investimentos possuem um prazo específico que precisa ser cumprido, para garantir a rentabilidade prometida, e, se no meio do caminho, você tiver que resgatar seu dinheiro para "apagar incêndios", pode ter sua rentabilidade comprometida e correr o risco até mesmo de sair no prejuízo, por não ter cumprido o prazo estabelecido.

TRABALHO, SIMPLICIDADE E INVESTIMENTOS.

Esses são os três grandes e genuínos amigos do enriquecimento e são inseparáveis. Pense nesses três pontos como um tripé: se você eliminar qualquer um deles, a estrutura se desequilibra e cai.

Se você viver com simplicidade, mas não trabalhar tanto quanto puder, não terá dinheiro para investir. Se você trabalhar, mas não viver com simplicidade, não terá dinheiro para investir. Se você trabalhar e viver com simplicidade, mas não investir, seu dinheiro não vai se multiplicar e, com o passar do tempo, a inflação consumirá tudo que você juntou. Não dá para eliminar nenhum desses três elementos, mas tenho uma boa notícia:

> De cada 50 milhões de pessoas que tentam enriquecer com a Mega-Sena, apenas uma se dá bem (e, às vezes, nenhuma!).
>
> De cada 10 pessoas que tentam enriquecer com trabalho, simplicidade e investimentos, as dez conseguem se dar bem e alcançar seus objetivos.

Pare de procurar atalhos e fórmulas mágicas. Arregace logo as mangas, trabalhe, simplifique, invista e veja como sua vida vai mudar antes do que você imagina.

9. COMO DIVIDIR SEU SALÁRIO

SEMPRE QUE VOCÊ GASTA SEU SALÁRIO SEM INTELIGÊNCIA, ESTÁ DESVALORIZANDO SEU PRÓPRIO ESFORÇO EM OBTER AQUELE DINHEIRO.

Existem várias fórmulas de divisão salarial, ou seja, métodos para você se organizar e saber quanto deve separar para cada tipo de despesa. Neste capítulo, veremos algumas delas. Sabemos que cada pessoa tem gastos e situações de vida diferentes. Algumas pessoas são solteironas, outras são casadas. Algumas moram sozinhas ou com os pais, outras já constituíram família e possuem dois ou três filhos. Por isso, é impossível engessar uma fórmula e dizer qual delas é a melhor; por isso, após apresentar as sugestões, vou compartilhar a minha recomendação, que é válida para qualquer tipo de pessoa.

MÉTODO 70/30

Esse é o método de divisão salarial mais famoso. A ideia é você dividir seu salário em duas partes. Você usará 70% dele para pagar suas contas essenciais e não essenciais e os 30% restantes você investirá, para garantir seu futuro e a realização de seus sonhos.

Na prática: se a sua renda ou a renda da sua família for 3 mil reais, você deve usar 70% deste valor (2.100 reais) para pagar suas contas e os 30% restantes (900 reais) devem ser investidos.

MÉTODO 70/20/10

Esse é um método sugerido no livro *O homem mais rico da Babilônia*. Nessa divisão, você usa 70% do seu salário para pagar suas contas essenciais, 20% do seu salário para gastar com itens não essenciais e os 10% restantes deve aplicar em investimentos.

Na prática: se a sua renda ou a renda da sua família for 3 mil reais, você usa 70% deste valor (2.100 reais) para pagar suas contas essenciais, 20% deste valor (600 reais) para gastar com compras em geral e 10% (300 reais) para investir todo mês.

MÉTODO 50/30/20

Esse método também é bastante conhecido e é parecido com o anterior, mas tem uma mudança nos percentuais. Agora você deve usar 50% da sua renda para os gastos essenciais, 30% para gastar com compras em geral e 20% para investir.

Na prática: se a sua renda ou a renda da sua família for 3 mil reais, você usa 50% deste valor (1.500 reais) para pagar suas contas essenciais, 30% deste valor (900 reais) para gastar com itens supérfluos e 20% (600 reais) para investir todo mês.

MÉTODO 50/10/10/10/10/10

Esse método é sugerido no livro *Os segredos da mente milionária* e é um pouco mais complexo. Nele, você vai separar 50% da sua renda para gastos essenciais, 10% para fazer doações e exercer sua generosidade, 10% para você curtir e se divertir, 10% para aperfeiçoar seus conhecimentos e estudos, 10% para investimentos de longo prazo (aposentadoria, liberdade financeira) e 10% para investimentos de curto prazo, realização de sonhos e projetos não tão distantes, como viajar, trocar de carro ou reformar a casa.

Na prática: se sua renda familiar for 3 mil reais, você deve usar 50% deste valor (1.500 reais) para pagar suas contas essenciais, 10% (300 reais) para doações e contribuições, 10% para se divertir, 10% para estudar e se capacitar, 10% para investimentos de longo prazo e 10% para investimentos e objetivos de curto prazo.

MÉTODO 60/20/10/10

Nesse método, você direciona 60% do seu salário para o pagamento de suas contas essenciais, 20% do seu salário para os gastos supérfluos, 10% para investimentos pensando na sua aposentadoria (longo prazo) e 10% para aplicar em outros tipos de investimento de curto ou médio prazo.

Na prática: se sua renda familiar for 3 mil reais, você usa 60% deste valor (1.800 reais) para pagar suas contas essenciais, 20% deste valor (600 reais) para compras supérfluas, 10% deste valor (300 reais) para investir e garantir sua aposentadoria e 10% para investimentos em geral.

Como você pode ver, há várias formas de divisão salarial e, em todas elas, há uma parte do salário já separada para investimentos, pois investir todo mês é obrigatório. Mas pode ser que nenhuma dessas opções seja ideal para você. Enquanto alguns podem investir 30% ou 35% do salário, outros podem dizer que, só para as contas essenciais, precisam de 230% do salário. O importante é você tentar equilibrar suas contas e finanças. Muitas pessoas já me perguntaram qual é o valor ideal para um pobre investir todo mês e minha resposta é a seguinte:

> **Invista o máximo que puder, todo mês, sem deixar de pagar suas contas e sem deixar de se divertir um pouco todo mês.**

Essa resposta contém três informações importantes:

- A primeira é que você deve investir *o máximo que puder*. Por quê? Porque quanto mais dinheiro você investir, mais rápido seu dinheiro se multiplicará e te proporcionará a tão sonhada liberdade financeira, que é quando você tem dinheiro o bastante para não depender mais do seu salário, nem daquele chefe insuportável que você (talvez) tenha.
- A segunda é que, obviamente, você não deve deixar de *pagar suas contas* para investir. Então, podemos pensar que quanto menos contas você tiver, mais dinheiro terá para investir por mês. Novamente,

chegamos ao ponto da simplicidade: se você compromete 50% do seu salário com gastos supérfluos e com a fatura do cartão de crédito, terá menos dinheiro para investir, e isso retardará seu processo de enriquecimento.

- A terceira é que você não deve deixar de *se divertir* e gastar uma parte do seu salário com lazer e diversão, comer fora, assistir um cineminha de vez em quando. Porém, isso deve ser feito com equilíbrio. Se você for o "vida louca" que gasta tudo com baladas, rolês com os amigos e restaurantes caros, terá pouco dinheiro para investir, e novamente seu enriquecimento ficará comprometido.

Na medida do possível, tente ganhar o máximo que conseguir (com trabalho e renda extra), gastar o mínimo possível (vivendo com simplicidade) e multiplicar da melhor maneira aquilo que ganhar (com investimentos).

10. METAS: O SEGREDO PARA ECONOMIZAR

QUEM NÃO SABE AONDE QUER CHEGAR NÃO CHEGA A LUGAR NENHUM.

Economizar é uma palavra chata. Desde criança, sempre tive uma barreira com esse conceito. Lembro-me de que vivia pedindo para meus pais me levarem ao McDonald's, mas eles diziam que não, pois tínhamos que economizar. Às vezes, eu pedia um brinquedo novo ou um videogame, mas eles diziam que não, pois tínhamos que economizar. Passei a odiar essa palavra e acho que muitos brasileiros entraram nessa comigo, principalmente os mais pobres.

Por causa desse preconceito, nós frequentemente relacionamos a palavra *economizar* com algo ruim, desagradável, mas, com o tempo, consegui "virar essa chave" na minha mente e hoje vejo esse termo com bons olhos. Hoje, eu relaciono a palavra *economizar* com *alcançar sonhos, metas e objetivos*. E esse é um ponto fundamental para quem deseja mudar de vida: ter um foco e saber aonde quer chegar.

> Se você não tem metas, sonhos e objetivos, qualquer porcaria na vitrine de um shopping vai te seduzir e levar seu dinheiro.

Penso que a melhor forma de economizar e poupar é ter metas, pois, assim, poupar deixa de ser algo chato e se torna algo empolgante. Muitas pessoas vivem gastando dinheiro com coisas de que não precisam, pois não têm nenhuma meta legal para alcançar. Perdem o prazer do processo da conquista e, com isso, acabam gastando dinheiro com qualquer porcaria que veem pela frente. Enquanto você não tiver sonhos e metas, poupar será uma chatice.

AONDE VOCÊ QUER CHEGAR? QUAL É A SUA META?

Muita gente gasta demais, porque ainda não percebeu que a liberdade e a independência financeira são muito mais valiosas que o décimo par de tênis ou a quarta jaqueta. Quem pensa pequeno acha que esses breves prazeres são as maiores conquistas que se pode ter na vida. Pensando assim, nunca conquistam nada de relevante, exceto pares de tênis ou jaquetas, e têm que trabalhar até morrer. E, provavelmente, morrerão na pobreza, com seus tênis e jaquetas.

> Não posso julgar o sonho de ninguém, mas só quero te incentivar a sonhar um pouco mais alto.

Talvez você tenha uma meta grande, como comprar uma casa própria, abrir uma empresa ou alcançar sua liberdade financeira em menos de dez anos. Talvez você tenha uma meta menor, como fazer sua primeira viagem de avião em família para algum ponto turístico brasileiro, reformar sua casa ou comprar uma TV maior para a sua sala. Há vários tipos de metas, mas o importante é você ter algo em mente que vai te encher de alegria quando conquistar. É essa empolgação que vai reduzir o seu prazer em gastar dinheiro com besteiras.

Isso é um efeito psicológico que realmente influencia nosso modo de pensar. Vou dar um exemplo para ilustrar: imagine que você vá a um shopping e veja uma calça jeans perfeita sendo vendida por 120 reais. Você não se aguenta de emoção, pega a peça e já corre para a fila do caixa. Mas, um pouco antes de efetuar o pagamento, chega um vendedor da loja e te avisa: "Não compre essa calça hoje. Amanhã vai ter uma queima de estoque e incluiremos essa peça na promoção *Compre 1, Leve 2*. Eu posso reservar duas calças dessas para você.". Com certeza você repensará sua compra, afinal, ter duas pelo preço de uma é muito mais interessante, e isso aplacará sua impulsividade. Quando há algo mais legal e benéfico, a gente consegue pensar melhor antes de gastar nosso dinheiro. Ter metas empolgantes reduz as chances de gastarmos com coisas desnecessárias.

É muito importante você ter metas, porém, faço duas recomendações:

01) Sua meta não pode ser fácil demais! Deve ser algo que vai exigir sacrifício e esforço da sua parte, para que, posteriormente, você possa comemorar a conquista.

02) Sua meta não pode ser difícil demais! Deve ser algo que vai exigir esforço e sacrifício da sua parte, mas não pode ser algo quase impossível, senão você levará tempo demais para alcançar e poderá desanimar no processo.

Em vez de estabelecer a meta de juntar 100 mil reais, estabeleça a meta de juntar 10 mil. Provavelmente será algo desafiador, mas, ao mesmo tempo, palpável. Isso te dará o gostinho da conquista e, depois, poderá estabelecer uma nova meta ainda maior.

> Antes de querer ser milionário, se esforce para quitar suas dívidas. Antes de querer comprar um carro importado, se empenhe em montar uma reserva de emergência. Se você não der um passo de cada vez, nunca sairá da pobreza.

Caso queira algumas sugestões de metas e objetivos para os próximos 12 meses, aqui vão algumas:

- Quitar todas as suas dívidas
- Montar uma reserva de emergência de 3 mil reais ou mais
- Começar a investir e ter, pelo menos, 3 mil reais aplicados
- Juntar uma quantia para dar de entrada na sua casa própria
- Quitar o financiamento do seu carro e eliminar essa despesa
- Iniciar uma renda extra que te dê mais de 300 reais por mês para você investir.

Além de metas financeiras, você pode estabelecer metas de educação e aprendizado também. Por exemplo, quando o canal *Primo Pobre* iniciou, em 2021, eu não sabia nada de investimentos, então me propus a estudar e aprender o máximo possível sobre investimentos de renda fixa no prazo de 12 meses. Consegui. Em seguida, me propus a estudar e aprender o máximo possível sobre investimentos de renda variável até o final de 2023 e, até o momento em que escrevo este livro, estou firme nesse propósito.

Seguem algumas sugestões de metas de educação e estudos, possíveis de se cumprir sem gastar nada ou quase nada:

- Ler um livro inteiro a cada um, dois ou três meses
- Aprender tudo sobre algum tipo de investimento de renda fixa por mês
- Assistir a um vídeo de educação financeira por dia (pode ser enquanto você lava a louça)
- Pesquisar e ver qual conta digital tem melhor rentabilidade
- Entender como funcionam os fundos imobiliários em 6 meses

Estabeleça metas, sejam elas financeiras ou educacionais, pois quem não sabe aonde quer chegar não evolui e não chega a lugar nenhum.

11. MANTENDO O NÍVEL

O POBRE BURRO, QUANDO TEM, GASTA.
O POBRE INTELIGENTE, QUANDO TEM, JUNTA.

Desde que o canal *Primo Pobre* tomou grandes proporções, muitos amigos e conhecidos me abordam no dia a dia e dizem frases como: "Nossa, olha o tênis do Duda! Tá gastando agora que ficou rico, hein?" ou "Olha só, até que enfim comprou uma camisa nova, Duda. Agora que ficou famoso, está andando bem-vestido". Mas sabe o que é interessante? Todas as vezes que alguém me disse isso, eu estava usando as mesmas roupas e calçados que usei a vida inteira.

As pessoas têm a mania de achar que, só porque você está ganhando mais, vai começar a gastar mais e passar a ter tênis melhores, roupas de grife e celulares do último modelo. Como eu sou uma pessoa simples que não precisa de muito para ser feliz, reparei que, desde o início do meu canal até hoje, as únicas roupas novas que comprei foram um par de tênis e três camisetas básicas da *Hering* que estavam em promoção no site da Dafiti. Para muitos, isso é algo inaceitável, pois, no entendimento delas, se o meu salário está aumentando, meu nível de vida precisa acompanhar essa evolução. Não, não precisa!

Esse é um dos grandes erros do pobre: querer elevar o nível de vida toda vez que o salário aumenta. Se ele recebe um salário de 2.500 reais, vai gastar 2.500 reais por mês. Se ele for promovido e tiver o salário reajustado para 3.500 reais, passará a gastar mais, usar roupas de marcas mais caras, comprar leite condensado da Nestlé em vez da Piracanjuba, comer bolacha Calipso em vez de Trakinas ou Maisena e pedir 1 kg de filé mignon em vez de acém moído. E se você questionar, ele vai dizer: "Meu salário aumentou, então eu mereço gastar mais".

Esse tipo de argumentação é bastante comum, porém, você se lembra do que eu disse sobre respeitar o tempo certo das coisas? Grande parte das pessoas são imediatistas e acabam sempre querendo gastar tudo que ganham. Se você deseja sair da pobreza e enriquecer, pense diferente: comece a pensar no amanhã e montar seu patrimônio. Lembre-se que uma pessoa não deve ser considerada rica por causa do celular que usa, da marca de bebida que bebe ou da peça de carne que assa. Uma pessoa deve ser considerada rica quando não deve nada a ninguém e tem dinheiro sobrando no banco. Gerar esse entendimento em você é um dos propósitos deste livro.

Se seus gastos forem sempre equivalentes aos seus recebimentos, nunca haverá dinheiro para você investir e montar seu patrimônio, então pense que vai chegar a hora certa. Se você ainda é financeiramente pobre, é hora de montar seu patrimônio, e não de usufruir todo o seu salário. A sua hora vai chegar!

Se você recebe 2 mil reais e tem um custo de vida baixo, não passe a gastar mais quando for promovido. Tente se manter no mesmo nível e usar a diferença salarial para quitar suas dívidas, montar sua reserva de emergência e investir. Quando tudo estiver caminhando bem, sem dever nada para ninguém e estiver com um valor legal em investimentos, aí sim você poderá substituir a geleia do Seninha por um pote de Nutella.

Se você sempre ver o dinheiro como algo que deve ser usufruído imediatamente, para o prazer imediato, e nunca como um recurso que pode ser poupado e juntado para, realmente, haver uma mudança de vida, nunca enriquecerá.

Eu conheço um casal que passou por um período de muito aperto, pois a mulher trabalhava, mas o homem estava desempregado. Algum tempo depois, ambos estavam trabalhando, mas continuavam apertados. Após alguns meses, a esposa foi promovida, passou a ganhar um salário bem maior, mas, por incrível que pareça, quando conversávamos, eles diziam que estavam "vivendo no limite". Pense comigo: como pode uma família viver no aperto com uma renda familiar de 3 mil reais, depois continuar apertada com uma renda familiar de 5 mil e, depois, com uma renda 7 mil reais por mês, continuar no mesmo aperto que vivia quando a renda era menor que a metade deste valor? Tudo isso acontece por causa do erro de sempre viver no limite, gastando e comprometendo 100% daquilo que se ganha.

Você não só pode, como deve, desfrutar de parte do seu salário com coisas que te tragam alegria e satisfação, mas saiba respeitar a hora certa de "subir o nível". Lembre-se de que todo mês você deve juntar uma quantia para ser acumulada ao que sobrou do mês anterior; assim, pouco a pouco, seu cenário começará a mudar, sua conta bancária vai crescer, sua tensão e estresse vão diminuir e você deixará de ser pobre.

Pense comigo: todo ano sites de economia divulgam a lista das pessoas mais ricas do Brasil e do mundo. A medição nunca é feita com base no relógio que elas usam ou do veículo que dirigem, mas sempre com base no patrimônio financeiro delas – afinal, ser rico não tem a ver com ir a baladas caras ou usar tênis de marca, mas sim com ter dinheiro sobrando no banco, sem dívidas!

12. CARTÃO DE CRÉDITO

"O CARTÃO DE CRÉDITO É ÓTIMO. É SÓ SABER UTILIZAR", DISSE O ENDIVIDADO ATÉ AS CUECAS...

Desde 2021, tenho a oportunidade de palestrar sobre educação financeira em escolas, empresas e eventos ao redor do Brasil. Para preparar o roteiro de meu conteúdo, tive que estudar e analisar algumas estatísticas que expõem o cenário financeiro das famílias brasileiras.

Segundo pesquisa[23] da Confederação Nacional do Comércio de Bens, Serviços e Turismo (CNC), quase 80% da população brasileira está endividada. Se juntarmos todas essas pessoas endividadas, veremos que a maioria esmagadora delas se encontra nessa situação por causa de um pequeno e fino item que provavelmente você também tem dentro da sua carteira. Não, não é a sua foto 3x4. É o seu *cartão de crédito.*

O cartão de crédito para uso comum surgiu na década de 1950, e a história é curiosa. Um estadunidense chamado Frank McNamara convidou alguns amigos para ir a um restaurante; eles comeram e se divertiram, mas, na hora de pagar a conta, McNamara percebeu que havia esquecido a carteira. Muita gente usa esse velho golpe até hoje para não ter que rachar a conta, mas, no caso do nosso amigo Frank, era verdade.

Para não passar por constrangimentos, Frank conversou com o dono do estabelecimento e perguntou se ele poderia assinar uma declaração de compra e efetuar o pagamento em outro dia. A proposta foi aceita, e Frank gostou tanto da ideia, que resolveu criar um cartão que permitisse que outras pessoas fizessem o mesmo. Assim nasceu o Diners Club Card, que, à princípio, era um cartão válido apenas para restaurantes. Mas a ideia foi tão aceita que engrenou, e, hoje, o cartão de crédito é aceito em praticamente qualquer estabelecimento do mundo.

O funcionamento do cartão de crédito é bastante simples e, apesar de alguns tentarem romantizar e "dourar a pílula", ele funciona exatamente como um empréstimo: você faz uma compra, utilizando o cartão de crédito, o banco ou a instituição financeira por trás do cartão paga o valor para o lojista e, depois, você devolve o valor ao banco.

A verdade é que ninguém gosta da ideia de ter que pedir dinheiro emprestado e, quem o faz, o faz por extrema necessidade, e não por prazer. Mas como o uso do cartão de crédito gera lucros estratosféricos para as instituições bancárias, o apelo para que a população o utilize é gigantesca, portanto há essa indução para que as pessoas comprem coisas de que não precisam, com um dinheiro que não possuem. Criaram inúmeros "benefícios" para seduzir as pessoas a utilizarem o cartão de crédito, mas a verdade é que, haja o que houver, toda atualização feita pelos bancos é sempre feita pensando em como otimizar ou manter os lucros multimilionários deles.

PONTOS NEGATIVOS DO CARTÃO DE CRÉDITO

01) O cartão de crédito nada mais é que um empréstimo, e isso, por si só, já devia te deixar com um pé atrás. Não dever nada para ninguém produz um prazer indescritível, mas as pessoas estão tão acostumadas com as dívidas, que se esqueceram como é bom recostar a cabeça no travesseiro, lembrando que não devem nada a ninguém.

02) Na minha opinião, uma das regras mais importantes da educação financeira é você evitar comprar coisas enquanto não tiver todo o dinheiro. O cartão de crédito é a melhor e mais fácil maneira de quebrar essa regra. Com o cartão, qualquer pessoa pode comprar o que quiser, mesmo sem ter dinheiro, e esse é um dos grandes motivos de ele ser um grande vilão, principalmente na vida das pessoas mais pobres.

03) Como o cartão de crédito é um empréstimo, naturalmente haverá cobrança de juros. Às vezes, esses juros são cobrados conforme o número de parcelas que você optar e, às vezes, esses juros só são cobrados se você atrasar ou não conseguir efetuar o pagamento do valor integral da sua parcela mensal. E, se você é brasileiro ou brasileira, sinto lhe informar, mas a taxa de juros do cartão de crédito não é apenas a

maior da América do Sul, mas a maior do planeta, ultrapassando 400% ao ano, em alguns casos. Nenhum país do mundo possui uma taxa de juros no cartão de crédito tão absurda quanto a nossa.

Por esses motivos, o cartão de crédito pode ser algo extremamente traiçoeiro na sua vida, e você precisa tomar um cuidado muito grande com ele. Não sou vidente, mas tenho certeza de que muitos leitores devem estar pensando: "O cartão não é ruim. É só saber usar". Perdi a conta de quantas vezes já li esse tipo de comentário em minhas postagens, porém as estatísticas e pesquisas nos mostram que quase 80% da população brasileira não sabe utilizar o miserável. E é bem provável que a maioria das pessoas que dizem isso não saiba utilizá-lo.[24]

E isso é o que os bancos e instituições mais amam: quanto mais gente se lascando por causa do cartão, maiores os lucros para eles. Por isso, eles continuam investindo pesado em campanhas, promoções e divulgações para fomentar o uso do cartão de crédito. Por exemplo, nos últimos anos, as instituições emissoras dos cartões estão concedendo benefícios, como programas de pontos, milhas e *cashbacks* (dinheiro de volta), para que as pessoas sempre prefiram pagar as compras no crédito, em vez de juntar e pagar à vista. Elas fazem isso porque sabem que, mesmo com tantos benefícios à disposição dos clientes, a cada dez pessoas, oito saem no prejuízo, se afundam nas dívidas e geram lucros altíssimos para eles, enquanto apenas duas se beneficiam, de fato, com esses programas.

Para te ajudar a não se endividar com o cartão de crédito, vou compartilhar algumas regras que criei. Eu sei que muita gente acaba se valendo desse recurso, por estar numa situação bem complicada, precisando comprar itens essenciais para sua sobrevivência, mas não posso me isentar neste assunto e vou tentar trazer uma maior conscientização. Se hoje você se vê totalmente forçado a usar o cartão de crédito para sobreviver, pelo menos leia essas recomendações, para momentos futuros de sua vida. E se achar que é bobeira, lembre-se de que praticamente todos os endividados do país se encontram nessa situação justamente por não saberem dominar o cartão de crédito.

REGRA 1: TENHA O DINHEIRO

Você pode utilizar o cartão de crédito para ganhar pontos, milhas e outros benefícios, mas se você está utilizando porque não tem dinheiro para pagar, está errado! Eu uso o cartão de crédito todos os meses, mas não faço isso porque preciso do dinheiro do banco. Eu tenho meu dinheiro para pagar no débito, mas utilizo o cartão de crédito para ganhar os pontos. Se eu não tiver o valor necessário na minha conta, não comprarei nem no débito e nem no crédito. O erro do pobre é achar que, por ter um cartão de crédito, pode comprar o que quiser, quando quiser. O cartão não deve ser visto como uma possibilidade de fazer compras sem ter o dinheiro, mas sim de receber benefícios pelas compras que temos condições de adquirir.

REGRA 2: EVITE PARCELAMENTOS

Se quiser fazer compras no cartão de crédito, procure sempre pagar à vista e quitar o valor daquela compra na próxima fatura do mês, sem postergar para os meses subsequentes. Por quê? Porque você, provavelmente, não vai fazer apenas uma compra no mês. Você vai comprar uma coisa aqui, outra ali, duas na semana que vem, três no final do mês, e, quando for ver, sua fatura já estará num valor altíssimo que se acumulará a cada mês.

REGRA 3: USE PARA COMPRAS ESPECIAIS

Não use seu cartão de crédito para compras recorrentes, ou seja, compras que você terá que fazer todos os meses, como mercado, combustível ou contas de água e luz. Isso causará um efeito bola de neve, e, quando perceber, sua situação estará insustentável. Por exemplo, imagine que você gaste 800 reais por mês em compras do supermercado. Você divide o pagamento em dez parcelas de 80 reais. No mês seguinte, você terá que pagar apenas 80 reais, porém, como irá ao mercado novamente, fará outro parcelamento em dez vezes e, no mês seguinte, não terá que pagar apenas 80 reais, mas 160, juntando as parcelas dos dois meses. No mês seguinte, fará a mesma coisa, e assim por diante. Quando perceber, sua fatura já estará acima dos 500 reais, só levando em conta as compras de supermercado. Além delas, você terá parceladas as compras de combustível, as contas de consumo... E é nessa hora que centenas de pessoas me escrevem dizendo: "Duda, pelo amor de Deus, me ajuda! Eu ganho 1.500 reais, mas a fatura do meu cartão de crédito já está em mais de mil!".

Ou seja, o descontrole financeiro fez com que essas pessoas comprometessem 70% do salário só com despesas no cartão de crédito. E o que vai acontecer? Ela terá que começar a pagar o valor mínimo da fatura, entrará num poço que afunda a cada dia mais, até perceber que está trabalhando só para pagar contas. É o que Robert Kiyosaki chama de *Corrida dos Ratos*, em seu clássico livro *Pai rico, pai pobre*. Cuidado com isso!

DICAS PEGA-TROUXA

Também quero chamar a atenção de vocês às ideias divulgadas por influenciadores na internet, que parecem ser ótimas, mas que podem te prejudicar drasticamente. Vou dar alguns exemplos:

PERIGO 1: "Se a loja não der desconto para pagamentos à vista, parcele!"

Sempre discordei dessa ideia, pois ela normaliza o endividamento. Sempre que você compra algo e não paga o valor integral, aquilo se torna uma dívida. As pessoas estão tão acostumadas a ter dívidas no banco, nas lojas, na empresa, que, para elas, pagar à vista e não dever nada para ninguém deixou de ser uma opção, quando, na verdade, deveria ser a primeira. A despeito da concessão de descontos ou benefícios, pagar à vista é sempre bom, pois evita que você contraia dívidas.

PERIGO 2: "Em vez de pagar à vista, compre parcelado e use o valor restante para investir e obter lucros melhores."

Ao longo desses dois anos de canal, tenho percebido uma coisa: muitos conselhos são matematicamente inteligentes, mas não são sábios. Quando você tem mais de 1 milhão de pessoas te ouvindo, a maioria pobre que deseja mudar de vida, a prudência deve ser levada a sério ao divulgar ou recomendar uma ideia. Uma coisa é indicar o parcelamento no cartão de crédito em uma sociedade que valoriza a educação financeira desde a infância. Outra coisa é fazer o mesmo num país que te inclina ao endividamento.

O raciocínio da frase acima é o seguinte. Digamos que você queira comprar uma geladeira que custa 3 mil reais, valor que você tem na conta. Em vez de comprar o produto à vista, você pode dividir esse pagamento em dez parcelas de 300 reais, investir o valor restante (2.700 reais) em alguma opção que ofereça uma rentabilidade todo mês e, assim, separar 300 reais por mês para pagar as parcelas ao mesmo tempo que seu dinheiro rende uma grana. Isso faz sentido, financeiramente? Sim! É uma boa ideia. O problema é que a cada dez pessoas que vão nesse papo, doze acabam fazendo besteira, parcelando, não investindo, gastando tudo e, quando vão ver, estão lascadas no cartão de crédito.

Perceba que não estou tirando a coerência desse argumento. Só estou dizendo que essa sugestão pode ser traiçoeira. Na realidade, pouquíssimas pessoas terão disciplina para levar essa recomendação a sério, e a grande maioria acabará se prejudicando ainda mais. É por isso que o número de endividados no Brasil não para de crescer, ano após ano. Se você decidir fazer dessa forma, tenha certeza de que, realmente, investirá seu dinheiro, em vez de gastar os 2.700 reais restantes com tênis, viagens e baladas. E lembre-se de que o prazer de não dever nada a ninguém pode valer muito mais que alguns reais de rentabilidade.

PERIGO 3: "Em vez de pagar à vista, compre parcelado e depois antecipe as parcelas para ganhar descontos."

Essa é outra recomendação financeiramente inteligente, mas é mais perigosa que barbeiro com soluço. A ideia é a seguinte: alguns cartões de crédito te permitem dividir as compras em várias parcelas e prometem te dar um desconto caso você consiga antecipar os pagamentos.

Me responda seriamente: por que você acha que os bancos e instituições financeiras criaram esse tipo de benefício? É porque eles querem lucrar menos ou mais? Novamente, voltamos às artimanhas das instituições financeiras. Elas prometem coisas interessantes, sabendo que, a cada dez clientes, dois vão se beneficiar e oito entrarão em dívidas que beneficiarão os bancos. As pessoas farão uma compra parcelada aqui, outra ali, mais duas no shopping e, quando menos esperarem, a fatura do cartão estará tão alta que elas não terão como pagar a fatura integral, muito menos como adiantar parcelas, entrando novamente numa crise financeira.

De novo, não estou dizendo que essa ideia é totalmente ruim, mas sim que ela é perigosa e que a maioria das pessoas que cai nesse conto acaba se prejudicando. Se você tem uma boa educação financeira, pode ser uma boa saída, mas eu ainda prefiro o prazer de não dever nada a ninguém, do que o prazer de poupar alguns reais nessa arriscada operação.

Se você quer realmente ganhar pontos, milhas, *cashback* ou quaisquer outros benefícios com o cartão, tente sempre fazer suas compras no cartão de crédito à vista, evitando parcelamentos, e, na medida do possível, nunca use o cartão de crédito por não ter o dinheiro. Lembre-se de que, hoje em dia, há muitas formas de obter todos esses benefícios, mesmo pagando no débito, no boleto ou no PIX, por meio de plataformas de benefícios e descontos.

13. O MUQUIRANA, O ECONÔMICO E O JUMENTO

95% DAS PESSOAS QUE XINGAM OS OUTROS DE MUQUIRANAS SÃO MAIS POBRES E ESTÃO MAIS LASCADAS QUE OS OFENDIDOS.

Eu não sei qual é o seu nome, sobrenome ou apelido, mas uma coisa eu garanto: se você se posicionar e decidir realmente mudar de vida, mais cedo ou mais tarde, vão te xingar de *muquirana*. E, provavelmente, a pessoa que te ofender será muito mais pobre e estará mais lascada na vida que você.

Em um país com mais de 200 milhões de habitantes, há várias formas de ver e lidar com o dinheiro, então quero esclarecer a diferença entre uma pessoa muquirana, uma pessoa econômica e um jumento. Ao longo da sua caminhada rumo ao enriquecimento, você verá como as pessoas confundem esses perfis.

MUQUIRANA

Nunca fui aluno exemplar em biologia. Acho que a única coisa que me lembro dessa matéria era a tal da tabela periódica e como eu achava engraçada a sigla do elemento Cobre. Ou isso era matéria de química?... Bem, não me lembro. Mas, graças ao Google, descobri há alguns meses que *muquirana* é o nome popular dado a um inseto chamado *Pediculus humanus corporis*, também conhecido como *piolho humano*. A última vez que tive piolho ainda era criança, mas, pelo que me lembro, é um animal miserável que gruda no seu corpo, na sua pele, no seu cabelo, e fica sugando tudo que pode de você. Piolho é considerado um parasita, ou seja, uma peste que obtém seus nutrientes roubando de seu hospedeiro.

Tem muita gente que é assim. Gosta de sugar tudo dos outros para não ter que colocar a mão no bolso. O famoso muquirana é a pessoa que não gosta de gastar dinheiro com nada e está sempre "na bota" dos outros, esperando que alguém lhe pague as coisas. E o pior: ele não gasta nada simplesmente pelo prazer de não gastar. Não é alguém que economiza porque tem metas ou sonhos. É apenas uma pessoa que não usa o que tem, não ajuda ninguém, não paga nada para ninguém e que, mesmo tendo dinheiro, só compra coisas velhas e carcomidas. Tem prazer em acumular dinheiro, sem nunca desfrutar dos prazeres e benefícios que ele pode proporcionar.

A VELHA DO BANCO

Quando eu era adolescente, trabalhei numa agência bancária como estagiário e lembro que uma senhora bem peculiar ia à agência toda semana. Ela devia ter seus 80 anos, andava bem mal vestida e cheirava muito mal. Sempre que ela entrava, já se dirigia ao andar superior. Um dia, resolvi matar a curiosidade para ver o que ela fazia lá em cima. Achando que ela ia ao banheiro, me surpreendi: ela se sentou na mesa do gerente geral para falar sobre a fortuna que tinha guardada no banco. Para minha surpresa, descobri que ela era uma das clientes mais ricas da agência, mas nunca usava o dinheiro para nada. Apenas o estocava. Alguns meses depois, soube que ela foi encontrada morta dentro de sua casa, após uma queda que a impossibilitou de se locomover e pedir ajuda.

Para mim, foi uma história muito triste, mas esse é um exemplo de pessoa muquirana, que simplesmente junta dinheiro para nunca usufruir, curtir a vida, viajar, comprar uma roupa bacana ou comer em um restaurante legal. O dinheiro que aquela senhora tinha era suficiente para montar vários restaurantes, mas ela preferiu juntar a vida inteira, viver como uma indigente, e acabou morrendo sem usufruir do que conquistou.

Pessoas assim também são chamadas de pão-duro, mão-de-vaca, sovina, avarento, miserável, e por aí vai.

JUMENTO

Esse é um dos animais que mais gosto de usar como exemplo nas aulas do meu canal. Alguns riem, outros se ofendem, mas isso só torna a prática ainda mais divertida. Tenho até um chapeuzinho de jumento para usar nos vídeos de humor que posto nas redes sociais.

Reforço que nunca fui especialista em biologia, mas fiquei curioso e recorri ao Google novamente para saber a diferença entre o burro, o jumento, o jegue e a mula. Você sabe? Eu sempre achei que burro fosse o pobre que parcela um iPhone 14, jumento fosse o pobre endividado que compra Nike Air Jordan, jegue fosse o pobre lascado que gasta 12 mil reais com equipamentos de sonorização no porta-malas da nave e mula fosse o pobre que ainda não é inscrito no melhor canal de finanças para pobres do mundo. São boas definições, mas, biologicamente falando, segundo a *Superinteressante*,[25] jumento, asno e jegue são nomes regionais dados para o mesmo animal, que é o *Equus asinus*, parente próximo do cavalo. Já o burro e a mula são o resultado do cruzamento entre um jumento e uma égua.

No âmbito das finanças, jumento, mula, égua, asno, burro e jamanta são nomes que eu dou ao pobre que não tem noção nenhuma e que vive torrando tudo que ganha com idiotices, como se não houvesse amanhã. É a típica pessoa que relincha frases como "vou gastar tudo, pois a vida é uma só" ou "não penso no futuro, pois posso morrer amanhã". Bem, 99% das pessoas que falam essas asneiras não morrem no dia seguinte e continuam pobres até morrer.

O jumento é a pessoa que gasta tudo que ganha com coisas fúteis, que ama viver como se fosse rica, que faz churrasco na laje todo domingo sem cobrar a entrada, que compra sempre os produtos mais caros das lojas e mercados, que não se dá ao trabalho de pesquisar preços, usar cupons de desconto ou aproveitar promoções e não se prepara nem um pouco para o futuro. Você, com certeza, conhece algumas pessoas dessa espécie. Talvez até fosse uma delas, antes de adquirir esse livro.

ECONÔMICO

Enfim, chegamos ao terceiro tipo de pessoa, e, como nos dois anteriores, quero fazer uma breve introdução. Você sabe qual é a origem da palavra *economia*? Eu também precisei recorrer ao Google para descobrir, porque nunca fui um aluno muito bom em português e linguística. Para quem está me chamando de burro, saiba que meu grande talento era a educação física. Em certa ocasião, fui eleito a 11ª criança mais rápida de Pirituba. Só fiquei chateado porque, na competição, apenas os dez primeiros colocados ganhariam um troféu e, na reta final, um moleque miserável menor que eu me ultrapassou, após 1 km de prova exaustiva.

Mas voltando à economia, a palavra surgiu da junção dos termos gregos *oikos*, que significa "casa" ou "moradia", e *nomos*, que significa "administração" e "organização". Na minha leiga interpretação, diria que econômico é a pessoa que administra bem sua casa. E é esse o perfil que devemos ter. As pessoas econômicas são aquelas que sabem curtir a vida, ao mesmo tempo que sabem poupar e juntar dinheiro para conquistar metas e realizar sonhos. A pessoa econômica é aquela que sempre pesquisa preços, que usa cupons de desconto, mas que não renuncia aos prazeres que a vida tem a oferecer. É a pessoa que procura o melhor custo-benefício das coisas, que não compra os produtos mais vagabundos, como o muquirana, mas que não é sem noção, a ponto de sair comprando os itens mais caros das lojas mais caras, como o jumento.

Econômica é a pessoa que sabe aonde quer chegar e está disposta a se sacrificar e abrir mão de algumas coisas em prol de uma conquista maior. Que sabe dizer "não" aos pequenos prazeres, a fim de alcançar os grandes objetivos. Que sabe equilibrar os gastos com o prazer de hoje e a provisão para o amanhã. Pensar apenas no futuro é tão ruim quanto pensar apenas no presente, por isso é importante ter equilíbrio.

Vou tentar sintetizar as características de cada perfil em alguns pontos:

VISÃO DO DINHEIRO

Muquirana é uma pessoa que só está preocupada em ter muito dinheiro. Não o utiliza nunca, mas quer ter sempre mais e vê o dinheiro como um fim em si mesmo. Quer ter dinheiro simplesmente por ter dinheiro.

Jumento é aquele que vive como se não houvesse amanhã e gasta tudo que ganha com prazeres imediatos, muitas vezes com futilidades ou ostentação. Não poupa dinheiro para nada, não investe e nunca sai da pobreza.

Econômico é a pessoa que vê o dinheiro como forma de aproveitar e desfrutar a vida, mas também como algo que deve ser poupado para alcançar objetivos, sonhos e um nível de vida melhor.

COMPRAS

Muquirana é a pessoa que não gosta de comprar e gastar dinheiro com nada. Quando o faz, compra as coisas mais vagabundas possíveis, para não gastar o dinheiro que tem. É a pessoa que não tem nenhuma blusa, pois prefere passar frio a gastar.

Jumento é a pessoa que gasta dinheiro o tempo todo com compras que não precisa, muitas vezes visando impressionar outras pessoas. É a pessoa que, mesmo tendo oito blusas, compra mais duas, de marca famosa, pois ama gastar tudo que ganha com coisas caras e dispensáveis.

Econômico é a pessoa que faz compras com sabedoria, equilíbrio e moderação. Busca sempre o melhor custo-benefício das coisas e sabe que, nem sempre, o barato sai caro. Ela compra aquilo que é necessário e tem inteligência para comprar aquilo que, ainda que não seja necessário, pode lhe proporcionar prazer e alegria.

GENEROSIDADE

Muquirana é a pessoa que, por não querer gastar o dinheiro que tem, não ajuda ninguém e não faz nada de bom para ninguém.

Jumento é a pessoa que não tem sabedoria para equilibrar as coisas e acaba gastando dinheiro para impressionar os outros. Vive se endividando por organizar festas toda hora ou pagar coisas caras aos outros, tudo em nome da imagem de rico que deseja ter.

Econômico é a pessoa que ajuda o próximo, mas sempre dentro da sua realidade, sem gastar mais do que deve e analisando a real necessidade das pessoas.

LAZER E DIVERSÃO

Muquirana é a pessoa que não curte a vida, não passeia, não viaja, não gasta nada com lazer e diversão, pois odeia gastar dinheiro.

Jumento é a pessoa que curte desenfreadamente, vai aos cinemas e shop-pings mais caros da cidade, viaja todo mês e frequenta baladas caras e chiques todo sábado à noite.

Econômico é a pessoa que sabe curtir a vida e sabe que muitos prazeres podem ser obtidos de graça ou com custos baixos. Ela viaja com um bom planejamento, sem contrair dívidas que duram meses.

UM EXEMPLO PRÁTICO

No final do ano passado, fui andar de bicicleta com alguns amigos e, na volta, quase 1h da madrugada, depois de muito pedalar, paramos no McDonald's para comer alguma coisa, pois era uma das poucas opções abertas 24 horas. Quando cheguei ao guichê, abri o aplicativo do restaurante para escolher algum cupom de desconto, e um dos amigos que estava comigo disse: "Nossa, bem se vê que você é o Primo Pobre. Tem dinheiro e fica nessa miséria usando cupom?". Eu respondi para ele que usar cupom não é questão de ser miserável ou não, mas de não ser burro. Moral da história: eu, um cara econômico, paguei 20 reais no combo do Big Mac, e meu amigo, um cara jumento, comprou exatamente o mesmo combo pagando 35 reais. Digamos que, nesse mesmo rolê, houvesse algum amigo dizendo que não queria comer nada, pois não queria gastar dinheiro, mesmo estando com fome e tendo um bom dinheiro no banco. Ele seria o muquirana.

Eu acho importante falar sobre isso, pois você vai perceber que, na caminhada rumo à sua mudança de vida, vai tentar ser econômico, mas muita gente vai te confundir com o muquirana. A diferença é que você estará poupando, não porque não quer gastar, mas porque sabe aonde quer chegar. E essa motivação muda totalmente o seu perfil.

> A maioria das pessoas nunca realiza grandes sonhos, porque está sempre gastando dinheiro com pequenos desejos.

Pensar no futuro e na mudança de vida é algo que só os inteligentes conseguem fazer, mas muitas pessoas não entendem isso. Você precisará de muita paciência e resiliência para ignorar essas ofensas. Principalmente se levar em conta que a maioria dos ofensores costuma estar mais lascada que o ofendido. Você vai ter que se manter firme no seu propósito de economizar, poupar e saber dizer *não* aos pequenos prazeres.

QUESTÃO DE PRIORIDADE

Outro erro muito comum é as pessoas chamarem de muquirana qualquer um que não tenha as mesmas prioridades que elas. Por exemplo, quando eu estava focado em quitar meu financiamento imobiliário, muitas vezes disse *não* quando me chamavam para ir a um rodízio de comida japonesa, por exemplo; normalmente, quando fazia isso, as pessoas que estavam me convidando me chamavam de muquirana. Mas quem disse que gastar dinheiro comendo peixe cru era uma prioridade para mim? *As pessoas que nunca pensam no amanhã dificilmente entendem a inteligência das que pensam.* Elas têm esse costume de chamar de muquirana qualquer um que não queira gastar dinheiro com o que elas gastam, e isso é um grande erro, principalmente levando em conta que quem não tem educação financeira vive gastando dinheiro com idiotices.

PENSAR NO AMANHÃ

Ao longo dos últimos dois anos, já fiz centenas de vídeos para meu canal e redes sociais, expondo alguns dos maiores erros cometidos pelos pobres, e pude reparar que a maioria deles tem a mesma raiz: só pensar no hoje e nunca pensar no amanhã. Milhares de pessoas estão hoje com uma vida mais sofrida que bunda de ciclista, porque nunca se prepararam para o amanhã.

As pessoas vivem fazendo parcelamentos e dívidas, porque acham que, nos próximos meses e anos, o salário continuará caindo na conta sem nenhum imprevisto. Não montam uma reserva de emergência, porque ignoram a possibilidade de desgraças acontecerem no dia seguinte. Não investem nada do que ganham, porque querem aproveitar ao máximo o presente, sem se preparar para o futuro.

Preste atenção nesse ponto, pois a mudança de vida não é formada por um único passo ou estalar de dedos. É um processo que dura alguns meses ou até anos, mas, enquanto você não aprender a olhar para a frente e se preparar para estar rico daqui a alguns anos, sua vida não vai mudar.

O pobre burro vive como se não houvesse amanhã. O pobre inteligente vive sabendo que haverá, sim, um amanhã e se prepara para o que está por vir.

Quais desses perfis te definem hoje? Viver como você tem vivido tem dado certo? Você está conseguindo mudar de vida? Meu desejo é que, daqui a dez ou vinte anos, você se orgulhe das decisões e escolhas que tomou hoje. E posso garantir que todos que desprezarem seu esforço inicial admirarão seu sucesso lá na frente. Quem hoje te chama de muquirana amanhã te chamará de playboy, e alguns ainda dirão que você "teve sorte". Mas é a vida... Siga firme no seu propósito.

14. OSTENTAÇÃO

OSTENTAR É A FORMA MAIS IMBECIL DE GASTAR SEU DINHEIRO.

Como disse anteriormente, no Brasil há alguns costumes e ideias culturais arraigadas e, muitas vezes, propagadas pelas mídias, que fazem as pessoas valorizarem o *ter*, ao invés do *ser*. Nessa inversão de valores, você pode ser um idiota, mas se tiver coisas caras, será valorizado. Um dos resultados dessa bagunça é a ostentação. Vejamos no dicionário[26] a definição desse termo:

> Ostentação: Agir com arrogância e orgulho para impressionar os outros; fazer uma exibição da sua riqueza ou poder para impressionar os outros; é o ato de se vangloriar com excesso e orgulho, exibindo realizações, posses, habilidades, luxo ou riquezas que possui.

Os fãs desse estilo de vida me perdoem, mas a própria definição de ostentação já mostra que isso é uma das maiores imbecilidades já criadas pelo ser humano. Tem muito imbecil andando por aí, torrando todo o salário para impressionar os outros. *Apenas os idiotas se endividam para impressionar pessoas que não tem consideração nenhuma por eles.* Eu pego pesado com isso, pois muitos pobres ainda são pobres em nome do animalesco prazer da ostentação.

> Quanto mais você vive tentando impressionar os outros, mais fútil e sem personalidade você se torna.

Pessoas que ganham um salário mínimo e gastam quase tudo com um par de tênis. Pessoas que vivem em situações precárias, mas pagam 2 mil reais em um *Apple Watch*. Jovens que mal foram admitidos em suas empresas e se endividam com o financiamento de um carro caríssimo para impressionar os amigos do bairro. Todos esses são exemplos de ostentação.

Semanas atrás, li numa de minhas postagens o comentário de um rapaz que escreveu assim: "Eu posso até ser pobre, mas pelo menos tenho um iPhone 13." Minha vontade era responder: "Parabéns! Pela sua foto de perfil, até que você não parecia tão jumento." Mas me segurei, e essa resposta ficou só no meu pensamento (agora, não ficou mais...).

Muita gente tenta parecer rica ao usar tênis caros, celulares de última geração e roupas de marca, mas a grande verdade é que esses não são mais artigos exclusivos de ricos. A maioria dos pobres tontos também tem.

Um dos livros mais relevantes sobre educação financeira que já li foi *A psicologia financeira*.[27] Se você ainda não leu, leia. Em um dos capítulos, o autor diz o seguinte:

> Temos a tendência de presumir a fortuna dos outros pelo que vemos, porque essa é a informação que está diante de nós. [...] A verdade, no entanto, é que a fortuna é aquilo que você não vê. Fortuna são os carros de luxo não adquiridos. Os diamantes não comprados. Os relógios não usados, as roupas deixadas nas araras e o assento na primeira classe recusado. Fortuna são os ativos financeiros ainda não convertidos em coisas que podem ser vistas.

De novo: rico não é quem vai em baladas chiques, usa Apple Watch e tem tênis caros. Rico é quem não deve nada para ninguém e tem dinheiro sobrando na conta. E aqui, quero fazer uma observação importante: não é errado você querer se vestir com roupas boas e ter um celular de última geração ou um carro esportivo. Não confunda realização de sonhos com ostentação. Cada um pode sonhar com o que quiser. A meu ver, o problema está na sua motivação. Se você deseja comprar itens caros para se exibir, para se sentir superior aos outros, para parecer que é rico ou para se sentir aceito pelo seu grupo, está errado! E você está abrindo mão de sua personalidade para agradar os outros.

O outro problema é quando você adquire tudo isso antes da hora. Lembre-se de que seu estilo de vida deve acompanhar seu nível financeiro. Se você recebe um salário de 2.500 reais por mês e financia um carro de 70 mil, só o IPVA deste veículo custará mais que um salário inteiro seu, todo ano!

Sonho realizado antes da hora vira pesadelo!

Não se afobe! Saiba respeitar a hora certa, o momento de cada conquista em sua vida. Ninguém escala uma montanha com um único passo. Se seu objetivo é enriquecer para ter uma vida de qualidade, precisa ter paciência, mas se o seu desespero te fizer antecipar as etapas, você será sempre pobre. Lembre-se de que, enquanto você for uma pessoa pobre tentando viver como se fosse rica, continuará pobre. É o que muitos chamam de "dublê de rico". A pessoa tem tudo que um rico tem, menos o dinheiro.

Já li o seguinte comentário: "Se a pessoa é pobre, mas está feliz vivendo como rica, tem roupas de marca, tem carro bacana, tem relógios caros e vai em baladas chiques, então ela não está curtindo a vida? Se ela está feliz assim, então está tudo bem."

O problema é que o rico tem dinheiro no banco, o dublê de rico não. O rico tem casa própria, o dublê de rico não. O rico tem investimentos, o dublê de rico não. O rico tem reserva de emergência, o dublê de rico não. Em outras palavras, se acontecer algo ruim (e algo ruim sempre acontece), o rico estará garantido, mas o pobre vai se afundar na desgraça, pois não tem nada além da aparência de rico. Se o rico perder o emprego, estará garantido. Se o dublê de rico for demitido, vai se tornar estatística e passar a compor os números imensos de brasileiros lascados na desgraça. Por quê? Porque, em vez de construir patrimônio, ele preferiu torrar tudo com ostentação e aparências.

Talvez esse seja um dos maiores males do brasileiro: o costume de "gastar porque tem", em vez de "poupar porque tem". Fazendo uma generalização, os brasileiros não podem ver um dinheirinho sobrando na conta que já pensam em sair para a balada, fazer um churrasco com os amigos ou ir ao shopping para comprar uma coisa ou outra. Devemos aproveitar nosso dinheiro para curtir e desfrutar as coisas boas da vida, mas, quando você é pobre, tem que rever suas prioridades, senão, no mês seguinte, voltará à estaca zero e nunca sairá dessa situação.

Cada vez que você, que é pobre, gasta dinheiro com festas, baladas, cerveja, encontros, está simplesmente dando a si mesmo um prazer temporário, efêmero, mas não está caminhando na estrada da mudança de vida. Está simplesmente fazendo algo que te fará se sentir rico, mas te mantém pobre. Cada dinheiro que o pobre gasta com coisas fúteis dá a ele a sensação de riqueza, mas basta voltar para casa ou abrir o aplicativo do banco que a sensação se esvai, pois ele se depara com a verdade de que é um pobre lascado que vai em balada o tempo todo, gastando dinheiro com bebidas que serão eliminadas na primeira privada que encontrar pela frente.

BENS DURÁVEIS E NÃO DURÁVEIS

As pessoas gostam de usar dinheiro de formas distintas e devemos respeitar essas diferenças, mas recomendo que você sempre invista parte do seu dinheiro em *bens duráveis*, ou seja, em itens que duram mais tempo e que podem ser revertidos em dinheiro, caso necessário. Por exemplo, ir a baladas luxuosas, comprar bebidas importadas e comer em restaurantes caros podem te proporcionar boas experiências, porém elas ficarão apenas na sua memória, não se tornam *patrimônio material*. Já a compra de uma bicicleta, uma câmera fotográfica, uma guitarra ou um automóvel, por mais que estejam sujeitos à desvalorização com o passar do tempo, tornam-se parte do seu patrimônio material e, em situações de necessidade, podem ser vendidos para você arrecadar algum dinheiro. Não é errado você gastar com bens não duráveis. O errado é só gastar com eles e nunca construir seu patrimônio material.

O jornalista Robert Quillen certa vez disse que "muitas pessoas gastam o dinheiro que não tem para comprar coisas que não precisam para impressionar pessoas que não gostam."

Se você deseja mudar de vida e enriquecer, não viva para impressionar ninguém. Mesmo porque, se você precisa elevar seu nível de vida para ser aceito por seus amigos, então eles não são seus amigos.

Até quando você vai gastar seu dinheiro com idiotices para que pensem que você é rico, enquanto suas dívidas e sua pobreza aumentam a cada dia? Até quando vai gastar seu dinheiro com futilidades, para ser aceito por um grupo de pessoas fúteis que fingem gostar de você?

15. DICAS DE ECONOMIA DOMÉSTICA

MUITAS VEZES, NÃO SÃO OS GRANDES GASTOS QUE TE IMPEDEM DE ENRIQUECER, MAS A SOMATÓRIA DOS PEQUENOS.

Em 2019, foi inaugurada a maior torre de energia solar do mundo. Localizada no deserto de Neguev, em Israel, a torre possui 245 metros de altura (equivalente a um prédio de 70 andares) e é cercada por mais de 50 mil espelhos computadorizados que refletem a luz solar para gerar energia limpa e renovável para milhares de israelenses.

Muitas pessoas leem meu sobrenome e me perguntam se sou descendente de alemão, mas, na verdade, sou descendente de judeus. Antes da criação do estado de Israel, em 1948, grande parte dos judeus se espalhou pelo Leste Europeu. No início do século passado, um casal de refugiados deu à luz uma menina chamada Emília Jacobson, em uma cidade da Letônia, pequeno país que faz fronteira com a Rússia. Por motivos não muito claros, quando ainda criança, ela emigrou dali, com um grupo de outros judeus, para uma colônia judia na cidade de Feldberg, no sul da Alemanha. Ali, alguns judeus adotaram o nome da cidade como sobrenome, incluindo um jovem chamado Carlos, que, anos depois, se casou com Emília e se tornaram meus futuros bisavós.

Após um período, esse casal imigrou para o Brasil, onde criou raízes e teve três filhos, entre eles, Ruth Feldberg, minha avó, que se casou bem jovem com o meu saudoso avô Antônio Machado, baiano roxo de corpo e alma. Tiveram duas filhas, uma delas sendo minha mãe, Virgínia, que se casou com o meu pai, Dorian, filho de uma doce senhora italiana chamada Dioni e de um senhor não tão doce, chamado José, descendente de indígenas brasileiros. Nessa mistura toda, nasceu esse deus grego que vos escreve.

Já recebi convites para ir morar em Israel, por conta de minha ascendência judaica, mas, apesar de admirar demais o povo, a história e a cultura, tenho um apego muito grande pelo Brasil. Eu me orgulho muito de ter nascido nesta nação, mas preciso te dar mais um dado entristecedor, que precisa de nossa atenção. Apesar de ser um país que também investe em energia solar, assim como Israel, segundo dados da Associação dos Grandes Consumidores Industriais de Energia e de Consumidores Livres (ABRACE),[28] o Brasil tem a segunda conta de energia elétrica mais cara do mundo, ficando atrás apenas da Colômbia.

Só nos últimos cinco anos, a conta de energia no Brasil aumentou 47%, sem contar as tarifas mais altas em tempos de seca e falta de chuva nas hidrelétricas. E o pior é saber que apenas 53,5% do custo total pago pelos consumidores tem a ver com a geração, transmissão e distribuição de energia. Os outros 46,5% se referem às taxas, impostos e compensações de energia furtadas.

Com essas altas, muitas famílias comprometem uma boa parte de sua renda com gastos de energia elétrica. Segundo estudo realizado pela Inteligência em Pesquisa e Consultoria (IPEC),[29] 46% dos brasileiros gastam mais da metade de seus salários com contas de luz e gás.

Para tentar reduzir seus gastos com essas contas, compartilharei algumas dicas de economia doméstica com vocês.

ILUMINAÇÃO

- Temos o costume de acender as lâmpadas sem necessidade. Já reparou que, mesmo quando é dia, a primeira coisa que fazemos ao entrar no banheiro é acionar o interruptor? Evite acender as lâmpadas durante o dia. Quando as acendemos durante o dia, a diferença de iluminação pode ser tão pouca, que acabamos não percebendo que elas estão acesas. Ao perceber alguma lâmpada acesa sem necessidade, deixe de preguiça e vá apagá-la.
- Se possível, troque as lâmpadas da sua casa por lâmpadas de LED. Elas economizam até 80% de energia e possuem uma vida útil muito maior que as lâmpadas comuns.

- Se você trabalha em regime *home office*, tente montar seu escritório em algum ambiente com iluminação natural, próximo a janelas ou varandas, evitando assim ter que deixar lâmpadas acesas o dia todo.
- Se sua casa tem lustres, limpe-os! O lustre da casa de algumas pessoas está mais sujo que controle remoto de motel e isso impede a passagem da luz, te forçando a acender mais lâmpadas que o necessário.
- Casas escuras exigem mais iluminação que casas claras, então priorize paredes de cores claras, pois refletem mais a luz e deixam o ambiente mais iluminado.
- Espelhos ajudam a refletir a luz natural das janelas, iluminando mais a casa sem necessidade de energia elétrica.
- Sempre que possível, mantenha as janelas abertas para a entrada de iluminação e ventilação e evite cortinas grossas que impeçam a entrada da luz natural.

AR-CONDICIONADO E VENTILADOR

- O ar-condicionado é normalmente citado como um dos aparelhos que mais consome energia numa residência, tanto por sua potência quanto pelo tempo que permanece ligado. Algumas pessoas chegam a manter o ar-condicionado (ou o ventilador) ligado por 24 horas. Se você é uma pessoa calorenta, compre um ar-condicionado ou ventilador econômico. Esses itens costumam ficar ligados por muito tempo, e um consumo consciente pode gerar uma boa diferença na sua conta de energia.
- Sempre que possível, em vez de ligar esses aparelhos, abra a janela e aproveite a ventilação natural.
- Compre um ventilador ou ar-condicionado com *timer*. Muitas pessoas ligam esses aparelhos para dormir, mas acabam esquecendo de desligá-los antes de pegarem no sono; além disso, durante a noite, o clima costuma esfriar, e esses aparelhos podem continuar ligados sem necessidade.

- Sempre que utilizar o ar-condicionado, mantenha as portas e janelas fechadas. Mantê-las abertas faz com que o aparelho precise se "esforçar" mais, exigindo uma energia maior e aumentando sua conta.
- Procure manter o ar-condicionado com uma temperatura constante e fresca, entre 20 °C e 23 °C. Já será suficiente para manter o local fresco e gastará menos energia que temperaturas mais baixas.
- Limpe o filtro do ar-condicionado com regularidade. Filtros sujos impedem ou dificultam a passagem do ar, forçando o aparelho a consumir mais energia.
- Não esqueça de desligar o ar-condicionado ao sair de casa. Parece bobeira, mas muita gente acaba vacilando neste ponto e gasta energia sem necessidade.

CHUVEIRO

- Em muitas pesquisas, o chuveiro elétrico é tido como um dos aparelhos de maior consumo elétrico em uma residência, podendo ser responsável por mais de 30% do valor da conta. Dê atenção a ele!
- Na medida do possível, deixe o aparelho em temperatura mediana. Regular a temperatura no modo mais quente (Inverno) pode exigir 30% mais energia que no modo de temperatura morno (Outono).
- Algumas pessoas têm o costume de manter o chuveiro sempre no modo inverno (o mais quente possível) e, quando o clima está mais ameno, regulam a temperatura pelo registro, abrindo-o bastante. Não faça isso! Você estará utilizando água morna, mas pagando a conta de água quente. É melhor manter o chuveiro nos modos de temperatura intermediários (primavera ou outono).
- Se você é calorento, tente se acostumar a tomar banhos frios. Isso é algo que nunca me acostumei, mas meu vô Tonho só tomava banho assim e a conta de energia dele era invejável.
- Evite tomar banho quando houver outros aparelhos ligados, como liquidificador, máquina de lavar ou fritadeiras elétricas. Quanto

mais aparelhos ligados ao mesmo tempo, maior a sobrecarga de energia e maior a conta no fim do mês.

- Evite tomar banhos demorados. Se sua conta de energia está alta, pode ser que o tempo no banho seja uma das causas, então procure tomar banhos de, no máximo, cinco minutos. Isso vai gerar economia tanto na conta de energia quanto na conta de água.
- Antigamente, quase todos os chuveiros eram parecidos, mas hoje, há centenas de modelos, cada vez mais chiques e convidativos. Não se baseie apenas na beleza do aparelho, confira o consumo dele antes de comprar. Chuveiros mais potentes aquecem mais a água; em compensação, podem consumir mais energia.

TV, COMPUTADOR, MICRO-ONDAS E CELULAR

- Evite deixar a TV ligada quando não estiver assistindo. Parece besteira, mas se você reparar, é bem provável que ela fique ligada por um bom tempo, mesmo quando ninguém está vendo.
- Se você gosta de dormir com a TV ligada, programe o timer para que ela desligue após 30 minutos. Muitas vezes eu adormeci assistindo TV e acordei 4h da madruga com ela ligada.
- Se você costuma deixar o notebook ou computador ligado, programe-os para iniciar o modo de hibernação após 15 minutos de inatividade. Ele apaga a tela, reduz a energia e, quando você retornar ao trabalho, é só movimentar o mouse que o aparelho volta à ativa.
- Ao utilizar o micro-ondas, cubra a comida com uma daquelas tampas protetoras de plástico próprias para isso. Desta forma, os alimentos aquecem mais rápido e você gasta menos energia com a redução no tempo de uso do aparelho.
- Carregar o celular com o aparelho desligado ou no *modo economia de energia* é muito mais rápido e ajuda na economia de energia. A economia é pequena, mas lembre-se: de grão em grão...
- Manter o carregador de celular plugado o tempo todo na tomada consome energia, mesmo que o celular não esteja conectado.

O consumo é mínimo, mas, dependendo do número de moradores na sua casa, pode gerar um gasto desnecessário.

- Deixar aparelhos em modo *stand-by* também consome energia. Pouca, mas consome. Qualquer aparelho que tiver alguma luz acesa ou relógio, como o micro-ondas ou o decodificador da sua TV a cabo, está consumindo energia, mesmo que não esteja ativamente em uso. Talvez você não tenha paciência para ficar conectando e desconectando tudo toda hora, mas, pelo menos, quando for viajar ou se ausentar da sua casa, tente desconectar tudo da tomada (exceto a geladeira!).

MÁQUINA DE LAVAR

- Esse é outro aparelho campeão em consumo de energia, então, ao comprar a sua máquina de lavar roupa, não se baseie apenas na tecnologia e estética do aparelho, leve sempre em conta a questão do consumo. Priorize equipamentos com nota "A" no quesito consumo de energia.
- Ter uma máquina que lava e seca é muito bom, principalmente para pessoas que residem em apartamentos pequenos, como minha esposa e eu, mas a secagem desses aparelhos consome uma energia brava. Sempre que puder, seque suas roupas do modo antigo, mesmo que seja naqueles varais portáteis de chão.
- Limpe o filtro da sua máquina regularmente. Se o filtro estiver sujo, a lavagem não será tão boa, te forçando a lavar novamente e gastar mais água e energia.
- Use a quantidade certa de produtos de limpeza na máquina. Quando você utiliza sabão ou amaciante em excesso, pode ter que enxaguar novamente e gastar mais energia.
- Tente lavar o máximo de roupas possível de uma vez só, respeitando o limite da sua máquina. Tem gente que fica lavando uma merreca de roupas, em vez de colocar tudo de uma vez, e acaba gastando o dobro de água e energia.

FOGÃO, FORNO E FRITADEIRA ELÉTRICA

- Ao utilizar esses aparelhos, procure fazer quantidades maiores de comida, em vez de fazer um pouco todo dia. Isso economiza energia e te dá menos trabalho na rotina. Por exemplo, em vez de fazer uma panelinha de arroz por dia, é melhor fazer uma quantidade que será suficiente para um período maior.
- Sempre que possível, faça comida na panela de pressão ou em panelas com tampas, pois o processo será mais rápido e consumirá menos energia.
- Eu acho que as fritadeiras elétricas são a oitava maravilha do mundo moderno, principalmente para pessoas como eu, que são verdadeiras mulas na arte de cozinhar. Em compensação, elas gastam bastante energia, então tente colocar mais coisas ao mesmo tempo para fritar, aproveitando assim o calor gerado.

FERRO DE PASSAR

- O ferro de passar consome bastante energia! Tente acumular o máximo de roupas e passe tudo de uma vez, em vez de passar um pouco toda hora. Assim, você aproveita o calor gerado e evita ficar esquentando e esfriando o aparelho o tempo todo.
- Comece a passar as roupas mais pesadas e chatas primeiro e deixe as mais leves por último. Assim, você pode desligar o ferro um pouco antes e aproveitar a temperatura ainda elevada para passar as peças mais finas que exigem menos calor.
- Quanto mais tempo você deixa as roupas na máquina de lavar, mais elas amassam e mais difícil será passá-las. Após o fim das lavagens, tire e estenda rápido suas roupas, para reduzir o tempo de passagem depois.
- Verifique quais roupas realmente precisam ser passadas. Aqui em casa, tanto eu quanto minha esposa odiamos passar roupa, então adotamos o costume de só passarmos aquilo que for realmente

necessário, como roupas de sair, camisas e vestidos. Após a lavagem, nós estendemos as roupas no varal portátil e evitamos utilizar grampos. Fazendo isso, as peças secam, nós as dobramos, guardamos e com o peso das outras roupas dobradas por cima, elas ficam praticamente desamassadas. Tem gente que passa até meia, cueca e lençol. Tá doido?!

DICAS EXTRAS

- Converse com os demais moradores da sua casa sobre a importância de economizar, para que todos entendam o porquê dessa economia. Não faça apenas por imposição.
- Muitas residências têm as chamadas "fugas de energia", que é quando não há nenhum aparelho ligado e, ainda assim, há algum consumo de energia. Para verificar isso, tire todos os aparelhos da tomada e vá até o relógio medidor de energia. Se o ponteiro estiver girando, é porque existe alguma fuga de energia. Isso é muito comum em imóveis com fiação muito antiga ou com fios e cabos expostos. Vale conferir!
- Quanto mais aparelhos ligados ao mesmo tempo, maior o consumo de energia, então evite utilizar muitos equipamentos simultaneamente. Por exemplo, em vez de passar a roupa no horário que outros moradores estão tomando banho ou usando a fritadeira elétrica, faça isso num horário alternativo.
- Procure saber se, na sua cidade, há cobranças de energia mais altas em determinados horários do dia. Em algumas regiões, o valor da energia fica mais alto entre as 18h e 21h, então é bom evitar realizar tarefas nesse período.

16. GASTOS COM ALIMENTAÇÃO

COMIDA É O MAIOR GASTO DAS FAMÍLIAS BRASILEIRAS.

Em dezembro de 2022, a Serasa realizou uma pesquisa[30] para verificar quais são os maiores gastos no orçamento dos brasileiros. A conclusão foi que a terceira maior despesa envolve as despesas básicas, a segunda é com veículos e a primeiríssima colocada é a alimentação. Para 72% dos brasileiros, o maior gasto do orçamento é com comida, restaurantes e supermercados.

Acredito que isso se dá por dois motivos:

01) Comer é bom demais
02) Uma das áreas mais afetadas pela inflação são os alimentos.

Quero compartilhar agora algumas dicas de economia para você não ter que pagar seu carrinho de compras com um rim. Em seguida, vamos refletir sobre as vantagens e desvantagens de fazer compras mensais ou semanais no supermercado.

- Evite ir ao mercado quando estiver com fome. Vá após o café, almoço ou janta, pois assim você estará saciado e não será tentado a comprar um monte de coisas desnecessárias.
- Faça compras em um mercado barato, de preferência numa rede atacadista como Atacadão, Roldão, Assaí, Makro... Apesar de serem famosos por venderem produtos no atacado, eles também vendem itens no varejo por preços muito mais acessíveis.
- Quando for às compras, faça uma lista dos produtos que precisa e tenha foco. Tem gente que precisa comprar uma laranja e duas cebolas, mas volta do mercado com nove sacolas e meia de alimentos

que não precisava. Lembre-se de que, se você precisa economizar, deve evitar ficar passeando pelos corredores do supermercado.

- Você não precisa pegar sempre os produtos mais baratos e duvidosos, mas também não precisa dos mais caros e famosos. Tem muita marca boa, barata e com excelente qualidade! Experimente! Se for ruim, você evita na próxima vez. Se você não experimentar os produtos mais baratos, será sempre refém dos mais caros.
- Procure produtos de marca própria do mercado. Muitas redes atacadistas fabricam seus próprios produtos, como pães, enlatados e iogurtes, e costumam ser muito bons (pois levam o nome do mercado na embalagem), além de bem mais baratos.
- Ir a mercados com muita variedade é mais empolgante, porém acabamos gastando mais e, normalmente, com itens dos quais não precisamos. Por exemplo, se você for num mercado atacadista, provavelmente terá três ou quatro opções de queijo. Se for num mercado mais elitizado, terá mais de 20 tipos de queijos diferentes, e isso acaba fazendo a gente gastar mais.
- Não despreze as pequenas diferenças no valor dos produtos. Sabe aqueles pensamentos do tipo: "Ah, este leite condensado custa só 1 real e 20 centavos a mais. Vou levar quatro!"? Muitas vezes, as compras ficam bem mais caras do que deveriam por causa desses pequenos centavos ou reais que desprezamos. No final, eles certamente farão uma diferença de mais de 50 reais no seu carrinho.
- Nem tudo pode ser comprado em grandes quantidades, principalmente produtos perecíveis, como pães, verduras e legumes, mas quando puder comprar outros itens, como papel higiênico ou produtos de limpeza em embalagens maiores, aproveite. Por exemplo, num mercado atacadista, se você comprar uma caixa com doze litros de leite, o valor de cada unidade sairá bem mais barato do que a embalagem de um litro separada. Isso pode gerar uma boa economia.
- Com relação aos produtos de limpeza (que costumam ser bem

caros), dê prioridade às embalagens maiores, pois rendem mais e são mais baratas, e aos produtos que podem ser diluídos. Normalmente, a gente se espanta com o preço desses produtos, pois suas embalagens são pequenas e têm um valor elevado, mas como podem ser diluídos, podem render mais de 10 litros e saírem muito mais em conta.

- Só leve seus filhos às compras se o seu objetivo for ensiná-los sobre educação financeira e economia. Se você é o tipo de pai ou mãe mole que acaba fazendo concessões para seus filhos e comprando tudo que eles pedem, deixem-nos na casa da sua sogra.
- Confirme se o preço das carnes está realmente bom no mercado que você frequenta. Com o preço delas nas alturas, qualquer redução pode gerar uma boa economia, então compare o preço do supermercado e açougues da sua região.
- Em épocas de economia, se puder, priorize levar para casa mais frangos, peixes e carnes suínas, que costumam ser mais baratas que a carne bovina.
- Evite fazer compras na primeira semana do mês. Como os donos de supermercados sabem que a maioria dos brasileiros recebe o salário nesse período, os preços costumam ser mais altos (e as filas muito maiores).
- Se houver alguma feira perto da sua casa, faça suas compras de frutas, verduras e legumes por lá. Costumam ser bem mais baratas, pois os produtos são vendidos por quantidades (dezena, dúzia) em vez de quilo. Se puder ir no horário mais próximo do encerramento da feira, melhor ainda, pois ainda tem muita coisa boa e os vendedores fazem promoções para não terem que levar nada de volta para casa.

É MELHOR FAZER COMPRAS MENSAL OU SEMANALMENTE?

Com relação a esse ponto, é impossível estabelecer uma resposta definitiva, pois o perfil, a forma de recebimento do salário e a realidade de cada um é diferente. Eu, particularmente, faço compras mensais, mas conheço pessoas que preferem ou que precisam fazer compras semanais e se dão bem procedendo dessa forma. Vamos pensar em algumas vantagens e desvantagens de cada opção, para tentar descobrir o que é ideal para você viver bem e, ao mesmo tempo, economizar.

CONTROLE EMOCIONAL

Você deve conhecer alguém que foi a uma loja para comprar meia dúzia de bananas nanicas e voltou para casa com uma TV de 55', né? (Espero que essa pessoa não seja seu marido!) Esse é o primeiro ponto. Se você é o tipo de pessoa descontrolada emocionalmente, impulsiva, que não consegue ter foco nas compras e acaba comprando tudo que vê pela frente, quanto menos vezes você for ao mercado, melhor, pois assim não terá "oportunidades" de gastar seu dinheiro com coisas desnecessárias. Eu sempre digo que se você não tem educação financeira e controle emocional, é melhor ir passear num parque, em vez de um shopping, pois lá será menos tentado a gastar com coisas das quais não precisa. O mesmo princípio vale para o mercado: se você é meio descontrolado, é melhor fazer compras mensais. Se você for uma pessoa controlada e que tem foco na sua lista de compras, pode se programar para fazer compras semanais ou quinzenais.

TEMPO

Se você é do tipo que não gosta de fazer compras e odeia gastar tempo com isso, pode ser melhor fazer compras mensais. Eu faço parte deste grupo: prefiro ir apenas uma vez ao mercado com a minha esposa; gastamos em torno de 2 horas para fazer tudo e só retornamos no mês seguinte. Por outro lado, se fazer compras toda semana não é um incômodo para você, as compras semanais podem ser uma boa opção.

QUANTIDADE

Se você é do tipo que gosta de fazer compras no atacado, ou seja, em grandes quantidades, para durar mais tempo, fazer compras mensais é uma opção melhor. Se você é do tipo que prefere ir completando os itens, à medida que vão acabando, é melhor fazer compras semanais.

PAGAMENTO DO SALÁRIO

Se o seu salário e os seus benefícios, como vale-alimentação, caem sempre no mesmo dia, fazer compras mensais pode ser mais prático, pois você pode aproveitar seu recebimento para já garantir todos os produtos do mês inteiro. Se você é autônomo ou recebe seu salário semanal ou quinzenalmente, pode ser melhor fazer compras semanais ou quinzenais, à medida que for recebendo seu salário.

TRANSPORTE

Se você dispõe de um carro próprio, fazer compras mensais pode ser melhor, pois você terá facilidade em transportar grandes quantidades de sacolas para a sua casa. Se você não dispõe de um veículo para isso, pode ser mais fácil ir comprando os itens aos poucos, na medida da sua necessidade.

DISTÂNCIA

Se o supermercado for longe da sua casa, vale mais a pena fazer compras mensais, para não perder tempo nem dinheiro com combustível indo até lá toda hora. Por outro lado, se o mercado for perto da sua casa, pode valer a pena fazer compras semanais. Mas tome cuidado com o seguinte: normalmente, quem faz compras semanais acaba optando por ir ao mercado mais próximo de casa, para otimizar o tempo; o problema é que, normalmente, mercados pequenos de bairro são muito mais caros que os atacadistas, então fique atento aos valores.

PROMOÇÕES

Alguns mercados fazem promoções específicas em certos dias do mês. Se você gosta de aproveitar esses momentos, pode valer mais a pena fazer compras semanais do que mensais.

Como pode ver, são vários pontos a serem analisados. Como aqui em casa minha esposa recebe vale-alimentação com dia certo para cair e nós não somos muito fãs de ir ao mercado toda hora, optamos por fazer compras mensais, mas, eventualmente, passamos no mercado para comprar itens de menor valor ou produtos com validade mais curta, como pães, verduras e legumes. Mas isso é o que funciona para nós. Pense a respeito e veja o que será melhor para você e sua família.

17. COMPRAR IMÓVEL OU VIVER DE ALUGUEL

A MAIORIA DAS PESSOAS POBRES AINDA VIVE DE ALUGUEL POR FALTA DE INFORMAÇÃO, NÃO POR FALTA DE DINHEIRO.

Agora quero entrar no assunto que, acredito, é o mais controverso do meu canal, o grande dilema: vale mais a pena financiar um imóvel ou viver de aluguel? Esse assunto é polêmico, pois, de uns anos para cá, virou moda dizer que viver de aluguel é a melhor opção. Como eu nunca concordei com essa generalização, desde 2021, posto vídeos sobre esse assunto, muitas vezes conflitando com canais maiores e mais antigos que o meu. Quero falar um pouco sobre isso e desmistificar algumas informações ditas por aí.

É BOM TER UMA CASA PRÓPRIA?

Para iniciar as reflexões, quero dizer que ter um imóvel próprio é muito bom e, apesar de dizerem que vale mais a pena viver de aluguel, todos sabemos que a imensa maioria (eu nunca contei, mas sei que é a esmagadora maioria) das pessoas deseja ter seu próprio imóvel. Meu canal é relativamente novo, mas já tive o prazer de conhecer muita gente e, até hoje, não achei nenhum grande influenciador que não tenha sua própria casa (mesmo dizendo que alugar é mais vantajoso).

Independente de qual seja, financeiramente, a melhor opção, ter uma casa própria é o sonho do brasileiro, e, mesmo no exterior, não há quem diga que não gostaria de ter seu próprio imóvel. No clássico livro *O homem mais rico da Babilônia*, George Clason[31] escreve:

Nenhuma família pode gozar plenamente a vida a menos que tenha um pedaço de chão [...]. Ter o seu próprio domicílio, com um pedaço de chão disponível para cuidar e sentir orgulho, dar confiança ao coração e maior ânimo a todos os seus esforços. Por isso, recomendo a todos os homens que tenham seu próprio teto, a fim de contar com um abrigo para si e para os seus. [...] Muitas bênçãos recaem sobre o homem que tem sua própria casa. [...] Tenha o seu próprio lar.

No livro *Os segredos da mente milionária*, T. Harv Eker[32] escreve o seguinte:

Quem é rico coleciona terras e propriedades.
Os que têm mentalidade pobre juntam contas a pagar.

E em outro trecho, escreve:[33]

Não espere para adquirir imóveis. Compre-os e espere.

Ter imóveis próprios é algo excelente, principalmente no Brasil, onde o mercado imobiliário está sempre crescendo e raramente um imóvel sofre desvalorização considerável, a não ser em casos muito raros. Então, de modo geral, até as pessoas que são a favor do aluguel desejam ter imóveis.

VIVER DE ALUGUEL SAI MAIS BARATO?

Eis o grande ponto. É quase unânime que é muito bom ter uma casa própria, mas o que não é unânime é se, financeiramente falando, vale mais a pena entrar em um financiamento habitacional ou viver de aluguel.

O que muito se ouve por aí são conselhos do tipo "em vez de financiar uma casa, opte por viver de aluguel e investir todo mês o valor que sobrar." Mas essa afirmação parte do pressuposto de que o valor de um aluguel é mais baixo que o valor de um financiamento, o que, em muitos casos, é uma grande mentira. Você terá que fazer sua própria consulta para verificar isso, pois tudo vai depender de qual é a sua renda, quanto você deseja gastar e onde deseja morar. Como meu canal é voltado para pessoas mais pobres, a minha análise será sempre voltada para esse grupo de pessoas.

Vejamos um exemplo rápido: eu moro na cidade de Osasco, região metropolitana de São Paulo. Aqui no meu bairro, há diversos apartamentos sendo construídos e vendidos por um valor na faixa de 200 mil reais. Apartamentos bonitos, com dois dormitórios, varanda, condomínio com piscina, academia e churrasqueira. Já fiz vídeos no canal mostrando algumas opções nessa faixa de preço, não apenas aqui em Osasco, mas também na capital. Vamos comparar os valores de um financiamento destes imóveis com o valor do aluguel destes imóveis.

Nos dias atuais, com juros bem altos, o financiamento imobiliário de um imóvel pode ter juros de mais de 10% ao ano e isso encareceria o financiamento de um imóvel, porém, o Governo possui um programa chamado "Minha Casa, Minha Vida", que beneficia famílias com baixa renda. (Na verdade, não é nem tão baixa assim. Na data em que escrevo, o programa contempla famílias com renda mensal de até 8 mil reais) E uma das vantagens deste programa é a redução dos juros do financiamento, que podem ficar na casa dos 4,25% a 7,66% ao ano, variando conforme a renda mensal da família.[34]

Para não puxar demais a sardinha para o meu lado, vou fazer alguns cálculos aqui, considerando juros de 5,5% ao ano, que são os cobrados para famílias com renda de até 3.700 reais. Se você optar por financiar um imóvel de 200 mil reais usando a Tabela Price, que é aquela modalidade de financiamento onde as parcelas se mantêm as mesmas durante todo o período do financiamento, o valor mensal que você terá que pagar será de, aproximadamente 845 reais por mês, financiando no prazo máximo permitido pelo programa, que é de 35 anos.[35]

Agora, quero desafiar meus queridos leitores e leitoras a procurarem, aqui no meu bairro (Quitaúna), algum apartamento de dois quartos, varanda, piscina, academia e churrasqueira, cujo aluguel seja menor que mil reais por mês. Não existe! Procurei bastante em sites como Quinto Andar, Viva Real e Zap Imóveis, porém o apartamento com essas características mais barato para se alugar custava 1.250 reais, mais o valor do condomínio, ou seja, 48% mais caro que o valor da parcela de quem optou pelo financiamento. E, pelas fotos, estavam em péssimo estado.

Iniciei este capítulo com uma frase confirmada a cada dia pelos seguidores do meu canal: “A maioria dos pobres ainda vive de aluguel por falta de informação, e não por falta de dinheiro”. Recebo muitas mensagens de pessoas me agradecendo pelas dicas e dizendo que “jamais imaginavam ser possível comprar um apartamento”. E compraram. Agora, estão gastando bem menos do que quando viviam de aluguel, e por algo que, no final do prazo, será deles.

Essas simulações foram feitas com base no valor médio dos apartamentos na cidade de São Paulo, que é considerada a terceira cidade com os imóveis mais caros do Brasil. Se você mora em outra região, procure bem, pois é capaz de encontrar oportunidades ainda melhores. Lembrando que, com o programa “Minha Casa, Minha Vida” do Governo, quanto menor for a sua renda familiar, menores são os juros. Em alguns casos, as parcelas do financiamento podem ser menores que 600 reais. Caso queira saber mais sobre esse programa, acesse o QR CODE acima e assista a uma aula completa sobre o assunto, mostrando cada detalhe e benefícios do programa.

Se muitas pessoas dizem “viva de aluguel e invista a grana que sobrar”, eu digo o contrário: em vez de pagar caro em um aluguel, compre seu imóvel e invista o que sobrar. Fique atento com o que você ouve na internet. Sempre que alguém disser que vale mais a pena alugar e investir o valor restante, lembre-se de que, muitas vezes, principalmente para quem é pobre, o valor de um financiamento sai muito mais barato que o valor de um aluguel. E fica ainda mais interessante, quando se leva em conta dois fatores:

01) Se você optar por financiar, no término do prazo, o imóvel será seu! Então, além de ter gastado um valor mensal menor em comparação a quem optou pelo aluguel, no final do financiamento, você terá um imóvel que provavelmente valerá muito mais do que o valor inicial, uma vez que, no Brasil, os imóveis valorizam muito.
02) Além de o valor do aluguel já iniciar mais alto que o valor da parcela do financiamento, lembre-se de que o aluguel terá um reajuste anual, normalmente baseado nos índices IPCA ou IGPM, que, algumas vezes, já foram maiores que 10% ao ano. E muitos comparativos fraudulentos e enganadores da internet não citam esse "detalhe", o que pode gerar um prejuízo de centenas de milhares de reais nas pessoas que não se atentarem a isso. Por exemplo, se você alugar um apartamento hoje por mil reais por mês e houver um reajuste de 6% ao ano, daqui a dez anos ele custará 1.790 reais por mês; daqui a vinte anos, 3.207; e daqui a trinta anos, você estará pagando 5.743 reais. E o que é pior: no final do prazo, o imóvel não será seu, e você sairá com uma mão atrás e outra na frente.

O ALUGUEL É SEMPRE MAIS CARO?

Não! Cada caso é um caso, e muita gente acaba ficando mais perdida que Adão no Dia das Mães, porque está ouvindo conselhos que não se aplicam para a realidade dela. Existem situações em que, realmente, o valor do aluguel será mais baixo que o valor da parcela, mas isso normalmente acontece em cenários onde o valor do imóvel é mais alto e onde o comprador não se enquadra no programa do Governo, que, até a data em que escrevo, só beneficia famílias com renda mensal de até 8 mil reais.

Algumas vezes, os juros médios de um financiamento ficaram acima dos 10% ao ano e, quando estão elevados assim, o valor da parcela do financiamento pode ficar mais alto que o valor de um aluguel. Como no meu canal e no meu livro minha prioridade é ajudar as pessoas mais pobres, o programa do Governo faz com que os juros do financiamento caiam bastante, tornando o financiamento muito mais atrativo.

E A BENDITA ENTRADA?

Muitas pessoas desistem da ideia de comprar um imóvel, temendo os valores altíssimos cobrados na entrada do financiamento. Explico: quando você tenta comprar um imóvel, além do valor financiado, precisa dar uma entrada no valor equivalente a 20% do imóvel, o que acaba assustando muita gente, mas aqui também há muita falta de informação. Primeiro, nem sempre o valor da entrada é de 20% do valor do imóvel. Há situações e modalidades de financiamento em que a entrada pode ser reduzida para 10%.

Segundo, também existe hoje a possibilidade de você parcelar o valor da entrada. É uma opção interessante para quem compra imóveis na planta. Você vai pagando aos poucos e, lá na frente, quando o imóvel estiver pronto, terá quitado o valor da entrada e iniciará o período de pagamento das parcelas do financiamento.

Terceiro, é possível você utilizar seu saldo do FGTS para pagar o valor da entrada do imóvel.

Vou dar um exemplo. Imagine que você deseja comprar um apartamento que custe 180 mil reais. Dependendo do banco que você optar para financiar, precisará dar uma entrada de 10% deste valor, que seria 18 mil reais. Caso você tenha trabalhado por mais de três anos com carteira assinada (CLT), poderá utilizar seu FGTS na entrada. Uma pessoa com salário de 2.500 reais consegue acumular cerca de 8 mil reais ao longo desse período e, abatendo este valor, faltaria 10 mil reais da entrada, que pode ser parcelada em 24 vezes de 416 reais. Estou simplificando e arredondando os valores aqui, só para você ver que não é algo tão complexo e difícil assim. Só fique atento pois, caso você compre um apartamento na planta (o que eu acho muito bom, pois os valores costumam ser mais acessíveis e, ao longo da construção, o imóvel tende a valorizar), você pode ter que pagar uma taxa referente à evolução da obra, então anote todos esses valores para realizar um bom planejamento financeiro.

De qualquer forma, não pense que sua casa própria vai cair do céu, sem você fazer nenhum esforço. Assim como toda conquista na vida, há um processo que exige comprometimento e sacrifício da sua parte.

Mas é muito importante você se planejar bem, para não dar um tiro no pé e acabar se enrolando, por não ter feito todos os cálculos. Não tenha pressa. Uma coisa é comprar uma calça jeans, outra coisa é comprar um imóvel – tudo deve ser feito com calma e planejamento. É extremamente importante você deixar um pouco de lado suas emoções e trazer à tona seu lado racional, pois já vi muitas pessoas comprando imóveis caros demais e depois se arrependendo. Segure a emoção e comece por baixo. Nada de querer financiar uma cobertura de frente para a praia de Ipanema. O importante é ter seu próprio lar.

COMPRAR IMÓVEL TIRA SUA LIBERDADE?

Um argumento muito utilizado pelos defensores do aluguel é dizer que, ao comprar um imóvel, nós ficamos presos a ele, sem liberdade para morarmos em outro lugar, porém, esse raciocínio não faz sentido nenhum. Assim como um carro, uma bicicleta ou uma câmera fotográfica, um imóvel também pode ser vendido ou alugado, caso você opte por se mudar para outro lugar. Conheço muitas pessoas que compraram um imóvel, mas, por motivos pessoais ou profissionais, tiveram que se mudar para outra cidade. Elas simplesmente venderam seus imóveis ou os alugaram e hoje vivem com toda liberdade em outra cidade.

Veja o meu caso. Em 2018, comprei o apartamento onde vivo hoje com a minha esposa, mesmo sabendo que não moraríamos nele pra sempre. Hoje, estamos construindo uma casa no interior de São Paulo e, em breve, nós venderemos nosso apartamento por um valor bem maior que o que pagamos.

Há pessoas que compram um imóvel, depois optam por alugá-lo e, com o valor que recebem do aluguel, alugam uma casa para viver em outra cidade. Comprar imóvel não tira sua liberdade. Porém, é sempre bom você tentar comprar uma casa ou apartamento em um bairro legal, para facilitar uma possível venda ou locação futuramente. Não precisa ser um bairro luxuoso, mas priorize bairros com bastante movimentação, bastante comércios ou que seja próximo a uma estação de trem, como é o meu caso. Mesmo não sendo em um bairro nobre, todo mês surgem pessoas interessadas em comprar ou alugar apartamentos aqui no meu prédio.

QUANDO É MELHOR VIVER DE ALUGUEL?

Apesar de sempre recomendar o financiamento, quero compartilhar algumas situações em que viver de aluguel pode ser uma boa opção.

01) Quando você tem pressa ou urgência de se mudar e não tem tempo para juntar o dinheiro necessário para a entrada. Muita gente precisa mudar de uma cidade para outra de última hora ou por motivos de trabalho; então, nesses casos, não vale a pena sair comprando algo sem o devido planejamento.

02) Quando você é o tipo de pessoa que vive se mudando e nunca está satisfeito com o lugar onde mora. Tem gente que já mudou 19 vezes de residência – para pessoas assim, é muito arriscado financiar um imóvel, sem ter certeza de que elas permanecerão ali por, pelo menos, alguns anos.

03) Quando a pessoa tem dinheiro suficiente para comprar imóvel, mas prefere viver de aluguel. Se a pessoa tem bastante dinheiro na conta, tanto faz ter uma casa própria ou viver de aluguel, pois, no final das contas, se algo de ruim acontecer, ela consegue comprar um imóvel a qualquer momento. O problema é quando o pobre abre mão de conquistar sua própria casa. Se surgir algum problema, diferente do rico, ele não terá onde cair morto.

04) Quando a pessoa tem muito dinheiro e prefere investir, em vez de gastar milhares de reais em um imóvel. Imagine que eu tenha 1 milhão de reais: eu poderia utilizar todo esse valor para comprar uma bela casa, mas, em vez disso, posso colocar essa quantia em um investimento com rentabilidade de 1% ao mês. Arredondando, eu receberia 10 mil

reais por mês de renda passiva, alugaria uma casa muito boa por 5 mil reais por mês e ainda me sobrariam mais 5 mil para fazer o que quisesse. O raciocínio é muito coerente e válido, porém só faz sentido para quem é rico e tem muito dinheiro para investir.

05) A quinta situação é quando você já tem um imóvel próprio, mas prefere ter a flexibilidade de viver onde quiser, alugando imóveis para residir. Neste caso, o proprietário da casa pode ficar tranquilo, pois, mesmo morando em uma casa de aluguel, caso algo de ruim aconteça, ele terá seu próprio imóvel para voltar. Muita gente que mora de aluguel tem não apenas um, mas vários imóveis sendo alugados e gerando uma renda passiva para ela.

No final, podemos concluir que não há uma resposta pronta. Em alguns casos, é melhor financiar. Em outros, é melhor alugar. O importante é você analisar todos os fatores, a fim de tomar a melhor decisão. Tem muita gente que está morando de aluguel há anos, mas, se tivessem financiado, teriam gastado muito menos e já seriam donos de uma casa própria quitada. Outras pessoas optaram pelo financiamento, mas compraram o imóvel errado, na hora errada, e hoje estão agoniados com dívidas. Se você é pobre, eu prefiro dizer que você deve correr atrás do seu próprio imóvel, garantindo assim seu próprio teto, para você e sua família, mas lembre-se de que tudo que você fizer sem planejamento te custará mais caro.

A PAZ É MELHOR QUE A RENTABILIDADE

Como educador financeiro, gosto de ensinar sobre investimentos e formas de multiplicar seu dinheiro para aumentar sua rentabilidade, porém também gosto de frisar que nem tudo gira em torno de lucratividade e altos rendimentos. Muitas vezes, a paz de espírito e a tranquilidade valem mais que uma rentabilidade maior, e a questão da casa própria tem muito a ver com isso.

> **A inteligência e a sabedoria nem sempre estão naquilo que te dará mais lucro.**

Várias pessoas saem por aí dizendo que alugar é melhor, pois vai sobrar X reais, depois você investe Y, ao longo do tempo você multiplica por W e, no final das contas, você ganha uns trocados, mas... Continuará sem ter onde morar. Então, quando tomar decisões, não se deixe levar somente pelos números e potencialização dos seus investimentos. A meu ver, ter uma casa própria (ainda que seja um pequeno apartamento de 55 m^2 em região humilde de Osasco) me dá muito mais alegria e paz do que aumentar um pouco a rentabilidade dos meus investimentos. Nesse sentido, gosto de uma frase que Morgan Housel, autor do livro *A psicologia financeira*,[36] cita no final de sua obra:

> O sentimento de independência que tenho por ser dono da minha própria casa excede em muito o ganho financeiro que eu teria ao alavancar nossos ativos com uma hipoteca barata [...]. Isso faz com que eu me sinta independente. [...] Parar de pagar prestações todo mês é melhor que maximizar o valor de longo prazo dos nossos ativos. [...] Isso funciona para a gente. Nós gostamos e é isso que importa.

Em outras palavras, ele está dizendo que até poderia potencializar seus investimentos, para obter mais lucros, mas preferiu investir dinheiro comprando uma casa, pois isso fez com que ele e sua família se sentissem melhores.

No famoso livro *Pai rico, pai pobre*, o autor Robert Kiyosaki afirma que um imóvel é um passivo, ou seja, é um bem que traz alguns custos e despesas. A partir daí, vários leitores desatentos começaram a divulgar que o livro recomenda viver de aluguel, em vez de comprar uma casa. A falsa interpretação se propagou tanto que Robert Kiyosaki teve que escrever um esclarecimento sobre isso em outro livro, chamado *Carta do pai rico, pai pobre*,[37] dizendo o seguinte:

> Quando escrevi *Pai rico, pai pobre*, disse que sua casa era um passivo. Não estou dizendo para não comprar uma casa. O que estou dizendo é que você deve entender a diferença entre um ativo e um passivo [...]. Eu estou dizendo para não comprar uma casa? Não. Eu mesmo possuo uma casa, mas não a comprei como um ativo ou a considero como um investimento. Eu comprei porque queria morar lá e estava disposto a pagar pelo privilégio de tê-la.

Lembre-se de que nem tudo deve ser adquirido como um investimento ou com o objetivo de aumentar sua rentabilidade. Ter sua própria casa pode ser seu maior investimento, ainda que não renda bons dividendos; afinal, muitas vezes, a paz de espírito vale muito mais que alguns trocados no final das contas.

AMORTIZAÇÃO

SE VOCÊ ADQUIRIU UM FINANCIAMENTO, AMORTIZAR É UMA OBRIGAÇÃO.

A princípio, eu não ia escrever sobre esse assunto, mas, pensando bem, achei injusto deixar de fora o tema que deu origem ao meu canal e que é, até hoje, o vídeo mais assistido do *Primo Pobre*, com mais de 8 milhões de visualizações (até 2023).

Já gravei centenas de vídeos para o meu canal, mas esse tem um valor especial – primeiro, porque foi o primeiro; segundo, porque é, até hoje, o vídeo que tem os comentários mais incríveis que já li. Até a data que escrevo este livro, o vídeo tem mais de 46 mil respostas e acho que a maioria diz: "Duda, esse vídeo mudou a minha vida". Se você duvida, acesse o QR CODE ao lado e corre lá para conferir.

MAS AFINAL, QUE RAIOS É UMA AMORTIZAÇÃO?

Amortização é quando você antecipa o pagamento de um empréstimo ou financiamento para quitá-lo mais rápido. Em outras palavras, é quando, além da sua parcela normal mensal, você paga mais uma quantia para tentar quitar logo o seu financiamento. Isso vale para empréstimos e financiamentos de carros e motos, mas, no meu caso, quero falar sobre a amortização de financiamentos imobiliários, pois este costuma ser a dívida mais longa que uma pessoa pode fazer.

Quando você faz um financiamento imobiliário, você assume uma dívida que durará, em média, trinta anos. Isso quer dizer que você ficará por décadas pagando para, finalmente, quitar a sua casa. E, apesar de o financiamento ser tão bom, pois é o que possibilita pessoas comuns comprarem um imóvel, ele tem juros que vão te perseguir por décadas. Ano após ano, esses juros vão aumentando demais o valor inicial, de modo que, no término dos trinta anos, o valor que você terá pagado será duas vezes maior que o valor financiado (mas, ainda assim, o gasto será bem menor que o valor gasto por quem optou pelo aluguel!).

Digamos que você contrate um financiamento no valor de 100 mil reais no prazo de 360 meses e que tenha uma parcela mensal no valor de mil reais. Assim que pagar sua primeira parcela, o prazo de 360 meses será reduzido para 359 meses; porém, o seu saldo devedor não reduzirá de 100 mil para 99 mil reais. Isso porque cerca de 70% do valor da sua parcela se refere aos juros, taxas, seguros e outras cobranças e apenas 30% do valor da sua parcela vai, de fato, ser deduzido do seu saldo devedor. Então imagine que a cada parcela de mil reais que você paga reduz apenas 300 reais do seu saldo devedor.

É aqui que entra a amortização. Quando você efetua o pagamento da sua parcela "normal", apenas 30% daquele valor é usado para abater seu saldo devedor, mas quando você paga um valor a mais, além da sua parcela normal, quase 100% desse valor é usado para abater seu saldo devedor (ou seja, faz uma amortização). E isso é algo que faz toda a diferença.

Eu sempre pensei que, se com a minha parcela mensal de mil reais eu eliminava um mês do meu financiamento, se eu desse mais mil reais, eliminaria mais um mês; porém, como o valor da amortização é quase totalmente deduzido no seu saldo devedor, com mil reais eu consigo eliminar 5 meses de uma vez só. É isso que quase ninguém sabe e é por isso que o vídeo "Como quitar um financiamento de 30 anos em 3" foi tão transformador na vida de milhões de brasileiros. Se eu soubesse que ele iria viralizar, teria, pelo menos, penteado o cabelo e usado uma camisa melhor que aquela cor de mostarda horrível.

Só para você ter uma noção, quando eu comprei meu apartamento, o valor total financiado foi de 136 mil reais. Após isso, se eu e minha esposa não tivéssemos amortizado, teríamos gastado quase 300 mil reais no final dos trinta anos. Por causa das amortizações, quitamos nosso próprio imóvel em 21 meses, gastando um total de 161 mil reais.

Se você já possui um financiamento, procure saber mais sobre o processo de amortização. Esse recurso te ajudará a quitar sua casa dez vezes mais rápido e gastando muito menos que o previsto.

18. COMO VIAJAR MUITO GASTANDO POUCO

TEM GENTE QUE VAI VIAJAR E ESQUECE QUE É POBRE: FAZ PASSEIO DE IATE, RESERVA QUARTO COM HIDROMASSAGEM E OFURÔ.

Sem dúvidas, viajar é uma das formas mais prazerosas de se gastar dinheiro. Minha esposa e eu amamos dar uma escapada de vez em quando para desestressar, descansar, curtir e conhecer lugares novos.

Mas nem todos conseguem se organizar para isso, e muitos acabam gastando tanto nas viagens, que contraem dívidas que as impedem de viajar novamente por anos. Há algumas semanas, postei um vídeo no meu Instagram falando sobre como é possível economizar nas viagens e um cara comentou algo assim: "O pobre só viaja uma vez na vida e ainda tem que ficar economizando? Sai fora!" e eu respondi: "Talvez seja por isso que você só viaja uma vez na vida. Um pobre inteligente consegue viajar todo ano."

Neste capítulo, quero compartilhar algumas dicas e reflexões sobre esse assunto, para que você possa viajar mais gastando menos.

TIPO DE VIAGEM

Você prefere viajar menos gastando mais ou viajar mais gastando menos? Algumas pessoas preferem a primeira opção, então elas planejam uma viagem com passagem aérea, resort 5 estrelas, quarto com varanda e vista para o mar, restaurantes mais caros, todos os passeios possíveis de barco, escuna, quadriciclo... A ideia é curtir ao máximo aquela viagem. Outras pessoas, como eu, preferem viajar, curtir, mas sem "meter o louco" e deixar um rim na hora de pagar. Então escolhem uma passagem aérea mais barata (ou viajam de carro), optam por um hotel ou pousada mais simples, dão uma maneirada nos gastos com alimentação, escolhem passeios mais simples; a ideia dessa economia é, justamente, poder viajar mais vezes. Não há certo ou errado. A questão é, justamente, a prioridade. E você precisa decidir o que prefere: viajar pouco com muito luxo ou viajar muito com mais simplicidade. Por experiência própria, como alguém que já viajou e conheceu muitos lugares incríveis gastando pouco, te recomendo a segunda opção.

METER O LOUCO

Um erro muito comum cometido pelos pobres é se empolgar demais em uma viagem e acabar gastando como se não houvesse amanhã. Isso vai te gerar dívidas que podem se prolongar por meses, e é chato demais quando temos que pagar por algo que já usufruímos. Não temos mais aquela empolgação ou ansiedade pelo que virá, pois já foi! Tem gente que vai viajar e esquece que é pobre: faz passeio de iate, reserva quarto com hidromassagem e ofurô. Tem gente que paga mais de 200 reais por um quarto que tem vasos sanitários feito em mármore de carrara. Pelo amor de Deus, você está indo viajar para curtir a praia ou para ficar cagando? Outro exemplo é a varanda: quartos de hotéis com varanda custam, em média, 300 a 500 reais mais caro – vai por mim, você sequer vai pisar na bendita varanda. Na nossa lua de mel, minha esposa e eu ganhamos uma viagem incrível para Riviera Maya no México, e escolhemos um quarto *top* que custava 1.100 reais a mais, só porque tinha uma varandona. Pensa numa burrice! Não usamos nenhuma vez aquele espaço. Ainda bem que foi minha irmã quem pagou!

É claro que você não precisa ser o "muquirana" da viagem e escolher a hospedagem mais muquifenta, mas lembre-se do equilíbrio. É só uma viagem! E se você quer fazer outras, maneire.

COMIDA DE REI

Como já vimos, a alimentação é um dos maiores gastos no orçamento dos brasileiros; em uma viagem, é a mesma coisa. Dependendo do seu apetite e do seu nível de exigência, os gastos com alimentação podem sair mais caros que todos os outros gastos da viagem juntos, incluindo passagem, hospedagem e passeio. O peão come arroz com ovo todo dia e, quando vai viajar, acha que é o Rei Charles, comendo risoto de caviar ao molho de frutas cítricas. Só esse prato vai custar meio salário. Tem gente que come macarrão com salsicha o tempo todo, mas quando vai viajar, decide meter o pé na jaca, para compensar a pobreza do dia a dia, e pede um prato com duas lagostas. Cuidado! O custo da sua viagem pode ficar duas ou três vezes maior devido ao seu excesso de empolgação. Lembre-se de que o importante é o equilíbrio.

Uma dica que eu sempre dou nos vídeos que gravo enquanto estou viajando é o seguinte: normalmente, os hotéis e pousadas incluem café da manhã para os hóspedes. Minha esposa e eu comemos como um casal de hipopótamos africanos no café da manhã; na hora do almoço, a gente come algo mais simples e barato, como um pastel ou algum petisco; e na janta, a gente dá uma caprichada e come algo mais legal em algum restaurante. Outra dica: quando viajar para a praia, procure restaurantes que ficam do outro lado da rua, em vez de comer naqueles restaurantes que ficam na orla. No início de 2023, fui com a minha esposa para Maceió. Não me lembro se estávamos na praia do Francês ou na do Gunga, mas lembro que o prato para dois em um bangalô estava custando 130 reais, enquanto do outro lado da rua tinha um restaurante de comida caseira cobrando 20 reais por pessoa para comer à vontade.

Neste momento, muita gente pensa: "Credo! Pra quê isso? De que adianta viajar, mas ficar preocupado com o preço das coisas?!". Como eu disse, é uma questão de prioridades. Minha esposa e eu temos quatro anos de casados e já fizemos mais de vinte viagens desde então. Já fomos para Curaçao, Riviera Maya, Cancún, Búzios, Salvador, Capitólio, Campos do Jordão, Ilha Grande, Olímpia e muitos outros lugares. É do nosso perfil viajar mais, com mais simplicidade, do que viajar menos, comendo ostras com muçarela de búfala.

Uma última dica, ainda sobre alimentação. Se você recebe vale-refeição no seu trabalho, tente economizar no seu uso, no dia a dia, para ter um bom saldo na época da sua viagem. Minha esposa e eu sempre costumamos levar marmita ao trabalho, e, assim, muitas vezes não gastávamos nem um real com alimentação nas viagens que fazíamos. Só usávamos o vale-refeição com saldo acumulado.

VIAGEM DE CARRO

Nem toda viagem precisa ser longa demais. O Brasil é um país extremamente turístico, com muitos destinos incríveis, e isso nos possibilita conhecer lugares acessíveis com nosso próprio carro. Isso barateia demais a viagem. Por exemplo, a Mayara e eu já fomos para Capitólio (um dos destinos mais incríveis que já conhecemos), Angra dos Reis, Arraial do Cabo, Caverna do Diabo, Serra Negra e vários outros destinos de carro. Para alguns, viajar de carro é algo desconfortável, mas, para nós, é algo muito gostoso. Viajar, conhecer as paisagens por onde passamos, os tipos de vegetação de cada região do país... Tudo é uma nova experiência para nós. Poderíamos ter ido para o Rio de Janeiro de avião, mas, de carro, descobrimos novos lugares no percurso, suspiramos com paisagens incríveis com vista para o mar e nos emocionamos ao dirigir sobre a ponte Rio-Niterói, que é uma das maiores pontes do mundo, com mais de 13 km de extensão.

Viajar de avião pode ser mais prático, mas diminui muito a experiência da viagem. Sem contar que, além de ser mais caro, o avião pode levar quase o mesmo tempo que o carro.

Vou fazer uma simulação de dois casais de amigos indo para o Rio de Janeiro. O preço médio de uma passagem aérea de São Paulo para o Rio de Janeiro, em baixa temporada, é de 420 reais por pessoa. Se são quatro passageiros, o custo é de 1.680 reais só com passagens – além desse custo, temos também os gastos com Uber ou táxi até o aeroporto. Indo de carro, o custo para ir ao Rio de Janeiro e voltar, já incluindo gastos com combustível e pedágio, é de 460 reais, levando os dois casais. Praticamente quatro vezes mais barato do que ir de avião.

Agora com relação ao tempo. Se você for de avião, terá que chegar ao aeroporto com duas horas de antecedência. Então podemos calcular uma hora para chegar até o aeroporto, duas horas de espera no aeroporto, uma hora de voo, vinte minutos até desembarcar do avião, uma hora para ir do aeroporto até o hotel. O tempo total é de cinco horas e vinte minutos. Indo de carro, se você for dirigindo à noite, numa época de baixa temporada, chegará ao Rio de Janeiro no mesmo tempo. Além da facilidade de ter um carro no destino e não ter que gastar com aluguel de veículos ou aplicativos de transporte.

BAIXA TEMPORADA

Na medida do possível, tente programar suas viagens em meses de baixa temporada. Sei que isso muitas vezes é difícil, por conta do período de férias dos adultos ou das crianças nas escolas, mas saiba que viajar entre abril e junho ou agosto e outubro pode custar metade do preço. Nos meses de alta temporada (janeiro, fevereiro, julho e dezembro), a procura por viagens é muito maior, então o preço das passagens e das hospedagens sobe demais, além de os comerciantes locais aumentarem de maneira exorbitante o preço dos passeios e refeições.

Minha esposa e eu sempre preferimos programar nossas férias em meses de baixa temporada, pois, além de ser bem mais barato, o destino normalmente está mais vazio, mais tranquilo e com menos filas para fazer os passeios. Isso pode ser um desafio para quem tem filhos em idade escolar, mas às vezes, é possível dar um jeito.

VIAGENS CURTAS

Lembre-se de que nem todas as viagens precisam ser longas, com dez, quinze ou trinta dias de duração. Minha esposa e eu já fizemos viagens de dez dias, mas também fizemos muitas viagens de final de semana e até mesmo bate e volta de um dia. Às vezes, a gente pensa: "Não vejo a hora de chegar as férias pra viajar", mas tem muita viagem legal para a praia ou para cidades próximas à sua que você pode fazer em um, dois ou três dias. Por não ser época de feriado ou férias, haverá menos trânsito e será bem mais em conta. Em vez de esperar um ano para fazer uma viagem, se programe para passear com a sua família num fim de semana comum. Já vai te dar um prazer muito grande.

Se conseguir uns dias de folga, tente fazer essas viagens curtas durante a semana. Aos sábados e domingos, é tudo muito mais caro, mas, se você conseguir viajar de segunda à sexta-feira, o preço das passagens, hotéis e passeios cai pela metade.

Ainda dentro desse tópico, se você é do tipo que gosta de viajar bastante, evite tirar trinta dias seguidos de suas férias. É bom tirar folga por um mês inteiro, mas, em compensação, depois dessas folgas, você ficará por onze meses inteiros sem férias novamente. Prefira dividir suas férias em dois períodos de quinze dias, ou um período de quinze dias e dois períodos de sete dias. Assim, você poderá viajar mais vezes em épocas diferentes do ano.

PACOTES DE VIAGEM

Normalmente, pacotes de viagem que já incluem tanto a passagem quanto a hospedagem saem mais baratos do que comprar tudo separado. A não ser que você tenha milhas ou algum programa de ponto que possa te dar benefícios, procure pacotes em sites como o Decolar. Algumas vezes, já achei pacotes promocionais incluindo passagem e hospedagem para Florianópolis custando menos de 500 reais por pessoa. Se fosse comprar separado, só a passagem custaria esse valor!

ACAMPAR

Para as pessoas mais aventureiras e amantes da natureza, uma opção excelente é acampar. Se hospedar em campings é muitíssimo barato, e muitos deles possuem uma estrutura incrível, com piscinas, quadras, lagos, banheiros com chuveiros elétricos e iluminação. Uma das viagens que a Mayara e eu mais gostamos foi à cidade de Capitólio, em Minas Gerais. Nós nos hospedamos em um camping com alguns amigos e o custo total da viagem foi de menos de 600 reais por casal, já incluindo o combustível, a hospedagem e a alimentação. Alguns campings cobram apenas 30 reais por barraca, então um final de semana romântico com seu cônjuge pode sair bem mais barato do que você imagina. Hoje em dia, é possível comprar barracas para duas pessoas por menos de 100 reais.

PLANEJAMENTO

Como já disse anteriormente, tudo que você fizer sem planejamento te custará mais caro. Se você não se programar, deixando pra decidir tudo de última hora, sua viagem também custará bem mais. Quando eu vou viajar, pesquiso os hotéis com a melhor localização, para não ter que alugar carro ou pedir Uber todo dia. Fique atento antes de reservar sua hospedagem. Dependendo da localização do seu hotel, você pode economizar alguns reais, mas, em compensação, gastar muito mais com transporte e locomoção. Eu sempre pesquiso as distâncias entre as praias e atrações da cidade usando o Google Maps e pesquiso no TripAdvisor ou outros sites de avaliação os restaurantes com melhor custo-benefício na região. O bom disso é que gera economia de dinheiro e de tempo. Algumas pessoas vão viajar sem planejamento e acabam perdendo horas para decidir o que fazer a cada dia ou não conhecendo as melhores atrações da cidade por falta de organização.

ALUGAR CARRO

Em algumas viagens, alugar um carro pode ser uma boa, mas, em muitas outras, é pura perda de dinheiro. Assim como os gastos com alimentação, os gastos com locação de veículos podem dobrar o custo da sua viagem, e muitas vezes, desnecessariamente. Isso tudo deve ser previsto no seu planejamento de viagem. Por exemplo, se o seu hotel fica perto do centro turístico da cidade e da maioria das praias, pra que alugar um carro que custará mais de 120 reais por dia, sendo que a maioria das praias pode ser acessada a pé, transporte público ou pagando menos de 10 reais no Uber?

Muitas pessoas preferem alugar um carro para ter mais liberdade na viagem, mas se você fizer um bom planejamento e deixar as atrações turísticas mais distantes do seu hotel para os primeiros ou últimos dias da sua viagem, verá que pode alugar um automóvel por menos dias (não precisa de carro todos os dias da viagem), economizando centenas de reais com isso. Em nossa viagem a Maceió, minha esposa e eu conhecemos todos os destinos que queríamos. Visitamos a praia do Francês, praia do Gunga, São

Miguel dos Milagres, as piscinas naturais de Pajuçara, entre outros destinos incríveis que aquela cidade maravilhosa tem. No final das contas, gastamos 352 reais, incluindo viagens de Uber e um micro-ônibus com banco de couro e ar condicionado que nos levou até São Miguel dos Milagres. Se tivéssemos alugado um carro, teríamos gastado 600 reais, mais os custos com seguro, os gastos com combustível e as taxas para estacionar na praia. O total ficaria em 1.075 reais. Por causa do meu planejamento, fizemos tudo e economizamos mais de 700 reais. E mesmo para quem tem programas de desconto e seguro grátis por causa do cartão de crédito, ainda assim, o custo com a locação de um carro seria mais que o dobro do custo sem a locação do carro. Em alguns casos, dá até mesmo para se valer de transporte público. Por exemplo, em uma de nossas viagens, o valor do Uber, do aeroporto até o hotel, daria 75 reais. Se levarmos em conta a ida e a volta, no final da viagem, o custo seria de 150 reais. Eu e a Má fomos de trem e gastamos dez vezes menos que isso. E posso te garantir que as lembranças e as memórias do nosso passeio de trem foram muito mais engraçadas e divertidas do que teriam sido se fôssemos de Uber.

DESTINOS NOVOS

Neste ponto, quero fazer uma reflexão com você: o mundo é grande demais para você viajar sempre para os mesmos lugares. Só no estado de São Paulo, há centenas de cidades turísticas para conhecermos. Se ampliarmos para o país inteiro, deve haver milhares de destinos turísticos, mas tem gente que sempre vai para os mesmos locais. Algumas pessoas já viajaram mais de 5 vezes para a Disney. Outras pessoas viajam todo mês para a mesma praia. A não ser que você tenha uma casa nesses locais, tente variar e conhecer lugares novos. Lembrando que há muitas opções baratas, divertidas e, provavelmente, próximas da sua cidade, fazendo com que o passeio seja mais acessível. Tem muita gente que visita um lugar legal, e acaba indo sempre para lá, achando que é o melhor lugar do mundo, sem saber que há muitos outros destinos mais incríveis para desbravar.

EXTERIOR

Talvez você pense que ir para o exterior é privilégio de gente milionária, mas quero te informar que alguns destinos internacionais podem sair mais baratos que viagens nacionais. Em algumas épocas do ano, viajar para Punta Cana (República Dominicana), Machu Picchu (Peru), Buenos Aires (Argentina), Cartagena (Colômbia) ou Santiago (Chile) custa menos que viajar para cidades do nordeste brasileiro. Fique atento a isso!

Acabei de fazer uma rápida pesquisa no site da Decolar e vi que passar 5 dias em um hotel cinco estrelas de Punta Cana (Caribe), com regime *all inclusive* (todas as refeições inclusas), do dia 11 a 15 de setembro custaria 3 mil reais por pessoa. Se optar por ir para Maragogi (que também é um lugar incrível), o hotel cinco estrelas com regime *all inclusive* mais barato está 3.928 reais por pessoa. Percebe que se hospedar no Caribe pode sair mais barato que no Nordeste?

Não estou escrevendo isso como se viagens internacionais fossem melhores. Já conheci destinos brasileiros que dão de 10x0 em praias famosas do exterior. É só para exemplificar e mostrar que fazer viagens internacionais também são viáveis, desde que bem planejadas.

PAGUE ANTES

É bom demais viajar, e é bom demais ter aquela ansiedade ao contar os dias restantes para o embarque. Em compensação, é ruim demais quando a viagem acaba e temos que continuar pagando por meses algo que já usufruímos. Para evitar isso, em vez de viajar e pagar depois, tente juntar dinheiro antes, para que o pacote esteja quitado na data da viagem. Emocionalmente, é bem melhor pagar por algo que está por vir, do que por algo que já foi. Se você quer fazer uma viagem legal no próximo ano, comece a juntar dinheiro agora. Assim, você curtirá a sua viagem e, quando estiver com os pés na areia, saberá que está tudo pago e que não terá mais nenhuma dívida quando voltar à vida normal.

SERVIÇOS E PASSEIOS

Sempre pesquise e compare os preços dos serviços e passeios da sua viagem. Às vezes, a agência de viagens oferece descontos, mas, em outras, comprar passeios, alugar carros e outros serviços com essa agência pode ser bem mais caro que em outros sites especializados nesses serviços. Por exemplo, sempre que você compra uma viagem internacional, a agência de viagens oferece o seguro-viagem, mas o preço ali pode ser três vezes maior que o preço de uma empresa específica em seguros. Não seja afobado e pesquise bem esses serviços antes de incluir no seu pacote.

GUARDE O QUE SOBRAR

Se você não fizer um bom planejamento, sua viagem provavelmente vai custar bem mais que o previsto, mas se você for uma pessoa econômica e organizada, é capaz de até sobrar dinheiro. Minha dica é: não gaste de bobeira aquilo que sobrar. Use esse valor para planejar sua próxima viagem. Isso vale principalmente para pessoas que fazem viagens internacionais e voltam para o Brasil com alguns dólares na carteira – não compre um monte de besteiras desnecessárias na área do *Duty-free*,[38] só para torrar tudo que tinha na viagem. Gastar dinheiro com coisas desnecessárias é sempre uma péssima ideia. Quando minha esposa e eu retornamos de uma viagem internacional, vi que tinha sobrado cerca de 150 dólares. Em vez de comprarmos perfumes e outros itens no *Duty-free*, convertemos esse valor para reais, e a quantia foi suficiente para passarmos três dias em uma pousada de Maresias, em um feriado prolongado do mês seguinte.

Essas são algumas dicas para que você consiga se organizar para viajar mais, gastando menos. Mas lembre-se de que tudo gira em torno da sua prioridade. Então sempre reflita se você prefere viajar menos vezes com mais luxo ou viajar mais vezes com menos luxo.

Se você seguir essas dicas, garanto que, muito em breve, você estará embarcando para algum destino maravilhoso.

19. GENEROSIDADE

QUE A SUA GENEROSIDADE AUMENTE NA MESMA PROPORÇÃO QUE SUAS RIQUEZAS.

No início deste livro, falamos sobre alguns benefícios da riqueza. Mencionei a liberdade financeira, uma melhoria em nossa qualidade de vida, e um dos maiores benefícios que o aumento do nosso patrimônio pode gerar: o privilégio de ajudar pessoas. Isso é bom demais, e só quem é generoso percebe quão bem faz compartilhar nossos recursos com os menos favorecidos.

Para iniciar esse tema, quero trazer uma afirmação:

> Generosidade não é coisa de rico, nem de pobre. É coisa de gente.

Digo isso porque muita gente acha que só precisa ser generosa quando enriquecer. Gente que não ajuda ninguém, que não contribui com nada, mas que diz que, quando ficar rica, vai ajudar as pessoas. Acredite em mim: não vai! Se você não é generoso hoje e não se esforça para ajudar ninguém, quando ganhar dinheiro, será o típico rico ganancioso que ama o dinheiro e o coloca acima de tudo. O clérigo estadunidense William S. Plumer afirmou que "aquele que não é liberal com o que tem, simplesmente engana-se a si mesmo quando pensa que seria liberal se tivesse mais".[39]

Não estou dizendo que você deve fazer contribuições altíssimas, doar um carro ou pagar uma compra do mês inteira para o seu vizinho. Estou dizendo que você e eu devemos sempre ajudar outras pessoas, na medida das nossas possibilidades. A beleza da generosidade nunca foi o valor, mas a disposição, o amor, a preocupação em ajudar o próximo.

Quero trazer esse assunto, pois sei que a sua vida vai mudar, mas, ao mesmo tempo, não quero que você se torne um rico adorador de dinheiro. Quero que você possa transbordar e ajudar as pessoas que estiverem passando por momentos como os que você já passou. Então eu te pergunto: quão generoso você tem sido nos dias de hoje? Quanto dos seus ganhos você compartilha com quem tem ainda menos que você?

Eu já passei por muitos momentos de restrição financeira na vida. Lembro-me de que, algumas vezes, recebi ajuda de pessoas da minha igreja para pagar minha ida aos acampamentos de adolescentes, pois eu não tinha condições. Hoje, faço questão de retribuir e ajudar as pessoas que vivem o que eu vivi.

Quero te incentivar a ajudar pessoas. De preferência, pessoas que não podem te dar nada em troca. Há por aí muitas pessoas que "ajudam" os outros, pensando no benefício que poderão receber de volta futuramente. Para mim, isso não passa de uma ganância maquiada. Gosto da seguinte frase de William Walsh: "Um ato generoso é sua própria recompensa".[40] Ajude quem não tem nada a te oferecer, sem esperar retribuições. São justamente essas atitudes, desde hoje, que te impedirão de se tornar uma pessoa gananciosa.

O melhor remédio contra a ganância é a generosidade.

Com o passar do tempo, a ganância, ou seja, o desejo de querer sempre mais, de maneira insaciável, poderá tentar dominar seu coração, te mantendo em constante insatisfação. Quando atingimos uma meta, pensamos que a calculamos mal ou que medimos errado o grau de satisfação que a conquista nos traria, passando a estabelecer novas metas que nunca nos contentarão. Queremos juntar 10 mil reais, mas, quando isso acontece, achamos que, na verdade, precisávamos de 20 mil reais. Quando acontece, aumentamos para 100 mil. Isso é bom, pois nos leva a crescer, mas, ao mesmo tempo, pode ser destruidor, se nossa generosidade não aumentar na mesma proporção que nossas riquezas. Aprenda a se alegrar com o que tem e não coloque no dinheiro sua fonte plena de satisfação.

Um dos hobbies que mais gosto é assistir filmes e apesar de gostar demais de atores e atrizes como Tom Hanks, Gerard Butler, Meryl Streep,

Julia Roberts e Denzel Washington, para mim, ninguém é tão bom quanto Jim Carrey na arte da interpretação. Certa vez, li uma frase dele que nunca mais esqueci:

"Eu espero que todas as pessoas do mundo fiquem ricas, famosas e tenham tudo que sempre sonharam... para que assim, elas vejam que isso não é a resposta para tudo."[41]

Temos a tendência de achar que o dinheiro será a solução de todos os nossos problemas, tristezas e angústias. É inegável que ele é bom demais, mesmo. Já vimos isso no início deste livro, mas nunca coloque no dinheiro ou na fortuna todas as suas esperanças e toda a sua satisfação. Você vai se frustrar. Seja generoso e compartilhe aquilo que você tem!

Desde o início do canal, tenho conhecido muitas pessoas ricas. Recentemente, conversei com uma pessoa bilionária e, apesar de ser algo impressionante, parei para refletir se eu realmente tinha desejo de, algum dia, ser tão rico quanto ela. Como sou uma pessoa bem simples, que fica feliz comendo pastel de carne na feira (só me irrito quando esquecem de colocar a azeitona) ou andando de trem com uma calça jeans e uma camiseta básica de 40 reais, fico pensando no porquê desejaria ter tanto dinheiro assim.

Quando percebi, estava em uma profunda reflexão. Não gosto da ideia de limitar meus sonhos ou potencial, mas, pensando alto, meu maior objetivo é construir uma casa linda com piscina, churrasqueira e um quintal bem grande com pomar, ter liberdade financeira e uma excelente qualidade de vida, a ponto de comer numa churrascaria sem me preocupar com o saldo da minha conta e poder viajar sempre que quiser. Para realizar tudo isso, 5 milhões na minha conta, chutando alto, seriam suficientes. Com esse valor, eu já teria uma renda passiva de quase 50 mil reais por mês. Se nada com que eu sonho e almejo exige um patrimônio maior que esse, por que eu desejaria mais?

Minha conclusão foi que eu não faço questão nenhuma de me tornar um bilionário, exceto pelo prazer de poder ajudar muito mais pessoas do que ajudo hoje. Quem sabe, construir orfanatos, sustentar missionários, apoiar o trabalho em favor de crianças desnutridas na África, construir poços de água no sertão nordestino, contribuir com instituições de caridade... Mas não almejo chegar nesse patamar para entrar na "lista de homens mais ricos do país" ou, simplesmente, para poder dizer que ultrapassei meu primeiro bilhão. Qual é a relevância disso?

Certamente, há quem discorde de mim nessa questão, mas a única razão que me traria alguma empolgação com a ideia de me tornar bilionário é saber que minha esposa e eu poderíamos multiplicar em muito o número de pessoas que ajudamos.

20. PANORAMA DOS INVESTIMENTOS

PLANTANDO SUA ÁRVORE DE DINHEIRO.

Estamos quase finalizando nosso livro. Conforme prometido, quero dedicar um capítulo inteiro para nos aprofundarmos no assunto de *investimentos*, afinal, é impossível alguém enriquecer e montar um belo patrimônio se não separar um valor para investir todo mês.

Creio que uma das perguntas que mais recebo é: "Duda, onde investir?", então vou dar um panorama dos principais tipos de investimentos e, depois, fazer um passo a passo, para que você comece a investir, de acordo com o seu perfil e seus objetivos.

TIPOS DE INVESTIMENTO

Muita gente não investe, pois acha esse assunto complicado demais, mas a verdade é que algumas pessoas o fazem parecer mais complexo do que realmente é. Para início de conversa, há basicamente dois tipos de investimentos: renda fixa e renda variável.

Os *investimentos de renda fixa* são aqueles onde você aplica seu dinheiro e já é informado o prazo e a rentabilidade, pois são prefixados (daí o nome "renda fixa"). Quando você aplica seu dinheiro em um investimento de renda fixa, você já sabe qual será o prazo que seu dinheiro ficará ali e quanto o seu dinheiro vai render. Às vezes, são 5% ao ano; 10% às vezes, 15%; e por aí vai.

Alguns exemplos dessa categoria de investimentos são a poupança, o Tesouro Direto, os CDBs, as LCIs e LCAs, as contas digitais de bancos, como Nubank, C6 Bank, PicPay, Banco Inter, entre outros. Esses investimentos são a porta de entrada para os investidores iniciantes, pois são considerados mais *seguros* e *conservadores*.

Já os *investimentos de renda variável* são os investimentos onde você aplica seu dinheiro, mas não consegue ter uma previsão exata da rentabilidade, nem do prazo de retorno. Nestes casos, a rentabilidade pode variar (daí o nome "renda variável"). Quando você aplica seu dinheiro em um investimento de renda variável, ele pode tanto aumentar e você obter bons lucros, quanto diminuir e você perder dinheiro. Mas não pense que é algo totalmente imprevisível. Apesar de seu dinheiro estar sujeito a fatores incontroláveis, como um desastre ou um conflito que altere a economia mundial, é possível estudar e entender o funcionamento de cada investimento, para obter lucros com mais assertividade.

Alguns exemplos dessa categoria de investimentos são as ações, os fundos imobiliários, as criptomoedas, os investimentos em dólar, outras moedas e até o ouro. Todos esses investimentos são muito interessantes, mas, ao aplicar seu dinheiro neles, você estará sujeito a ganhos ou perdas. Por isso, exigem um maior estudo e conhecimento técnico.

POR QUE DIZEM QUE INVESTIR É ARRISCADO?

Você já deve ter ouvido falar de pessoas que perderam muito dinheiro com investimentos, certo? Eu também! Já ouvi, inclusive, relatos de pessoas que se suicidaram após perderem tudo em transações financeiras, e situações como essa amedrontam muita gente, mantendo-as longe desses "perigos financeiros". Mas a verdade é que a falta de conhecimento é o grande vilão dessa história, e digo isso por experiência própria. Até pouco tempo atrás, eu não sabia absolutamente nada sobre esse mundo, e a referência que eu tinha a respeito do mundo dos investimentos era aquela imagem de um monte de homens engravatados alucinados, olhando para uma tela que mostrava quanto eles haviam ganhado ou perdido em questão de segundos. "Isso não é pra mim!", dizia comigo mesmo.

Atualmente, eu me aprofundei no assunto e, embora ainda tenha muito a aprender, entendo muito mais, então posso dizer que você não deve ter medo de investir, mas sim de não investir! Não investir seu dinheiro é o grande problema.

Neste momento, temos a primeira grande pergunta, para definirmos o tipo de investimento ideal para você:

Você está disposto a correr riscos com seus investimentos ou não?

Se não está disposto a correr riscos, deve aplicar seu dinheiro em alguma opção de investimento de renda fixa – já veremos mais sobre elas. Se estiver disposto a correr riscos em busca de uma rentabilidade maior, pode aplicar seu dinheiro em investimentos de renda variável.

Se você é iniciante no mundo dos investimentos, sugiro que inicie pelos investimentos de renda fixa, pois são mais simples e fáceis de aprender e seguros.

PERFIS DE INVESTIDORES

Tendo em vista a diversidade de investimentos, com suas distintas características e graus de risco, precisamos definir nosso perfil de investidor, para não aplicarmos nosso dinheiro em algo que não combina conosco. É justamente por não prestarem atenção a isso que muitas pessoas perdem dinheiro investindo de forma errada.

- **Perfil Conservador:** é a pessoa que está disposta a investir seu dinheiro, mas não está disposta a perder nada. Ela não quer correr nenhum risco. Sendo assim, pessoas com esse perfil devem manter todo o seu dinheiro em investimentos de renda fixa, onde seu dinheiro terá uma rentabilidade sempre positiva.
- **Perfil Moderado:** é a pessoa que está disposta a investir seu dinheiro e está disposta a correr um pouco de risco. Ela não quer perder seu dinheiro, mas, a fim de tentar ter um lucro um pouco maior, se expõe ao risco de perder um pouco do que tem. Pessoas com esse perfil devem ter a maior parte do seu dinheiro em investimentos de renda fixa e uma parte menor em investimentos de renda variável, pois, caso haja perdas nestes últimos, ainda terá a maior parte "salva e segura" nos investimentos de renda fixa. Hoje, eu me encaixo neste grupo.
- **Perfil Arrojado:** é a pessoa que está disposta a correr grandes riscos em busca de grandes lucros. Também chamado de investidor

agressivo, ele deseja as maiores rentabilidades possíveis, mesmo sabendo que está correndo grandes riscos. Pessoas com esse perfil mantêm a maior parte do seu dinheiro em investimentos de renda variável e uma parte menor em investimentos de renda fixa.

Repare que a distribuição entre os tipos de investimento varia conforme o tipo de investidor. Gosto sempre de seguir esta orientação:

> **Você até pode ter 100% do seu dinheiro em investimentos de renda fixa, mas nunca deve deixar todo o seu dinheiro em investimentos de renda variável.**

Até mesmo os mais arrojados e corajosos devem seguir essa regra, afinal, sempre devemos ter uma parte do nosso patrimônio seguro, caso "tudo dê errado" nos investimentos de renda variável. Há quem discorde, mas, para vocês, meus queridos leitores, prefiro compartilhar essa regra de precaução.

COMO FUNCIONAM OS INVESTIMENTOS DE RENDA FIXA?

A maior parte dos investimentos de renda fixa consiste em você emprestar seu dinheiro para uma instituição, um banco ou até mesmo para o Governo e, depois de um tempo, eles te devolverem esse dinheiro com juros. Ou seja, vão te devolver um valor maior que aquele que você emprestou para eles.

Imagine que algum amigo chegue para você e diga: "Fulano, me empreste mil reais que daqui a doze meses eu te devolvo 1.200."

É basicamente isso, mas, em vez de emprestar para uma pessoa qualquer, você emprestará para uma grande instituição financeira, por exemplo.

O legal disso é que, quando realizamos um investimento, estamos fazendo um movimento de 180°, deixando de ser a pessoa "lascada" que está pedindo dinheiro emprestado e passando para o lado de quem está emprestando esse dinheiro para, posteriormente, receber um valor maior ainda, com juros. Percebe como há aqui uma mudança total de cenário? É assim que funciona!

Talvez você esteja se perguntando: "Por que um banco precisaria do nosso dinheiro emprestado?". É uma boa pergunta. Sabemos que os bancos são multimilionários, então por que precisariam de cem ou mil reais? Há várias respostas para essa pergunta, pois os bancos usam esse dinheiro de muitas formas, mas vou exemplificar com a mais simples delas. Imagine o seguinte cenário:

- Eu quero ganhar dinheiro, então invisto mil reais em um banco que promete uma rentabilidade de 10% ao ano
- Após investir essa quantia, o banco vai emprestar esse valor para alguém que precise, mas vai cobrar juros de 25% ao ano
- Após um ano, a pessoa que tomou o empréstimo terá que devolver 1.250 reais (25% de juros sobre o valor tomado emprestado)
- Após isso, o banco vai me devolver 1.100 reais (10% de rentabilidade sobre o valor que eu investi)
- Desta forma, eu terei um lucro de 100 reais, o banco terá um lucro de 150 reais e a pessoa que tomou um empréstimo será a única "prejudicada", pois só ela não ganhou nada nesse processo e ainda pagou 250 reais a mais do que retirou.

TIPOS DE INVESTIMENTOS DE RENDA FIXA

Entre as opções de investimentos seguros e conservadores, se destacam algumas.

POUPANÇA

Sem dúvidas, é a opção de investimento mais famosa e conhecida por todos. Desde crianças, ouvimos falar sobre ela e, segundo pesquisas,[42] a esmagadora maioria dos brasileiros ainda a tem como opção principal. Isso é triste, pois, apesar de ser a mais utilizada, é a opção de renda fixa que tem a menor rentabilidade.

CONTAS DIGITAIS

Nos últimos anos, os bancos digitais vieram como uma onda, tomando cada vez mais lugar na vida dos brasileiros e gerando concorrências com os bancos tradicionais. Simplificando, um banco digital é um banco que não tem agências. Você resolve tudo por meio de um site ou aplicativo. Uma das vantagens desses bancos é a conta digital, que funciona como uma "poupança". É uma opção tão prática e segura quanto a poupança, mas tem rentabilidades maiores. Para saber mais sobre esse tipo de investimento, acesse o QR CODE acima.

TESOURO DIRETO

O Tesouro Direto é uma opção de renda fixa onde você empresta seu dinheiro para o Governo. É isso mesmo! Você empresta seu dinheiro para o Governo, e ele usa esse dinheiro para investir em segurança, educação e saúde. Após um tempo, ele te devolve o valor corrigido, gerando um lucro para você. É considerado por muitos como o investimento mais seguro do país. Para saber mais sobre esse investimento, acesse o QR CODE acima.

CDB

O Certificado de Depósito Bancário (CDB) é outra opção de renda fixa muito mais interessante que a poupança e tão segura quanto ela. Essa modalidade se resume a você emprestar dinheiro para um banco e, após um período, receber o valor de volta, com juros. A maioria dos bancos tradicionais e digitais oferece opções de CDBs para seus clientes. Em muitos casos, sua rentabilidade é duas vezes maior que a da poupança. Para saber mais sobre esse investimento, acesse o QR CODE ao lado.

LCI e LCA

Essas duas opções são parecidas com o CDB, pois também são empréstimos para bancos. A diferença é que, nesses casos, o banco não poderá usar o valor investido para emprestar para outras pessoas. No caso da Letra de Crédito Imobiliário (LCI), o dinheiro que for investido no banco deverá ser empregado no setor imobiliário. No caso da Letra de Crédito do Agronegócio (LCA), o valor investido no banco deverá ser empregado no setor do agronegócio. Uma das vantagens da LCI e da LCA é que, quando você investe nelas, não terá nenhuma cobrança de imposto de renda, assim como a poupança. Para saber mais sobre esse investimento, acesse o QR CODE acima.

Existem outras opções de investimentos de renda fixa, como CRI, CRA, debêntures, letras de câmbio, fundos DI, mas esses são os mais conhecidos e recomendados para iniciantes no mundo dos investimentos.

É REALMENTE SEGURO INVESTIR NA RENDA FIXA?

Sim! É bastante seguro e é uma opção conservadora voltada para pessoas que não querem se expor a riscos. O maior risco de aplicar seu dinheiro em um investimento de renda fixa é a instituição financeira "quebrar", mas, ainda assim, há recursos que protegem o consumidor. Um deles é o chamado *Fundo Garantidor de Crédito* (FGC). Ele funciona exatamente como um seguro, que cobre até 250 mil reais por instituição financeira que você tiver conta.

Caso você invista 20 mil reais na poupança, CDB, LCI ou LCA, e o banco ou a instituição venha à falência, o FGC devolverá todo o valor que você tinha lá. Caso você invista 300 mil reais em algum desses investimentos e haja uma falência, o FGC te ressarcirá 250 mil, que é o limite estabelecido para cada instituição financeira, e você terá que arcar com o prejuízo restante (50 mil). Por isso, caso você tenha valores altos, acima de 250 mil, o ideal é você dividir seus investimentos em duas instituições financeiras diferentes, para reduzir o risco de prejuízos. Para saber mais sobre o FGC, acesse o QR CODE a seguir.

Das opções de renda fixa que sugeri, o Tesouro Direto é a única que não tem cobertura do FGC, porém, ainda assim, é considerado o investimento mais seguro do Brasil. Como dizem por aí, se algum dia o Governo der o calote nos investidores do Tesouro Direto, pode ter certeza de que o país inteiro já estará um caos e todos os bancos já estarão numa situação ainda pior.

ONDE INVESTIR

Antigamente, os bancos tradicionais dominavam o mercado e viviam oferecendo péssimas opções de investimentos aos clientes. Com o avanço da tecnologia e o surgimento dos bancos digitais e corretoras de investimentos, a concorrência aumentou e as instituições passaram a oferecer propostas melhores.

Como já vimos, além dos bancos tradicionais, temos os bancos digitais e as corretoras, que são empresas que reúnem dezenas ou centenas de opções de investimentos de diversos bancos e instituições diferentes. Alguns bancos tendem a oferecer apenas os investimentos da própria instituição, enquanto as corretoras reúnem dentro delas opções de investimentos de diversos lugares, sendo muito mais interessantes, por conta da maior variedade de opções.

Hoje em dia, é possível abrir uma conta em uma corretora ou banco digital (que também costuma ter várias opções de investimentos) em questão de minutos sem custo algum. Além disso, devido à concorrência entre eles, quase não há taxas e custos para você investir.

Muitas vezes, me perguntam qual é a melhor corretora, mas antes recomendo analisar dois fatores:

01) A questão da preferência pessoal. Já que os serviços de todas as corretoras são quase sempre gratuitos e possibilitam acesso pelo celular, você precisa experimentar algumas e ver qual delas prefere, com

relação à agilidade do aplicativo, à usabilidade e à praticidade. É de graça, mesmo!

02) A questão das ofertas. Com o tempo, você verá que, a cada momento, uma corretora lança uma oferta diferente. Às vezes, a XP tem um CDB rendendo mais. Na semana seguinte, pode ser que o BTG tenha as melhores opções. No mês seguinte, a NuInvest lançou um LCI com rentabilidade altíssima. E é exatamente assim. Cada hora uma corretora lança ofertas melhores, e, por isso, após iniciar seus investimentos, é bom você abrir o leque de opções e ter uma conta em mais de uma corretora e banco diferentes, para sempre estar por dentro das melhores opções.

Mas isso não precisa ser uma prioridade para você. O importante é abrir conta em uma delas e iniciar seus investimentos. Com o passar do tempo, você vai evoluindo.

Ao abrir sua conta, você verá que o processo de investir seu dinheiro é bastante intuitivo. Você precisará enviar dinheiro para a sua nova conta (isso pode ser feito via PIX ou TED); em seguida, certamente haverá uma área própria para investimentos no aplicativo. Ao acessar essa área, você vai selecionar o tipo de investimento que deseja aplicar (renda fixa ou variável) e escolher uma das opções. Caso se sinta inseguro, acesse o QR CODE acima e veja o passo a passo de como fazer seu primeiro investimento.

SOBRE OS PRAZOS

Após definir o tipo de investimento que deseja fazer, você precisa definir qual o prazo do seu investimento, o que pode variar conforme a sua meta. Se você pretende investir dinheiro pensando na sua aposentadoria, pode investir em opções com prazo longo, como cinco anos, dez anos ou até mais. Se você pretende investir pensando em reformar sua casa, talvez um investimento com duração de três anos seja suficiente. Se a sua meta é juntar o máximo possível para viajar, é provável que um investimento com duração de um ano seja bom. Por outro lado, se você quer investir, mas pode precisar desse dinheiro a qualquer momento, deverá investir em uma opção com liquidez diária, ou seja, os investimentos em que você pode retirar seu dinheiro a qualquer momento.

Definir o prazo do seu investimento é fundamental, pois, em muitos casos, se você investir seu dinheiro em alguma opção, mas não respeitar o prazo estabelecido, aí sim poderá ter prejuízo e retirar menos dinheiro do que colocou.

Preste atenção nisso: os investimentos de renda fixa prometem uma rentabilidade, mas só garantem aquele retorno se você respeitar as regras do investimento. Se você investir seu dinheiro em uma opção com prazo de um ano, mas resolver sacar o valor antes desse prazo, você perderá a garantia da rentabilidade. Então evite aplicar seu dinheiro em um investimento com prazo de um ou dois anos, se você não tiver certeza do cumprimento desse prazo. Caso você possa precisar daquele dinheiro a qualquer momento, sempre opte por opções com liquidez diária.

Então aqui, temos a segunda pergunta importante a responder:

Por quanto tempo você pretende deixar seu dinheiro investido?

Nos bancos e corretoras, há muitas opções, e, com essa resposta, você estará apto a escolher o tipo de investimento (conta digital, CDB, LCI, LCA, Tesouro) e o prazo do seu investimento (liquidez diária, 30 dias, 12 meses, 3 anos)

SOBRE A RENTABILIDADE

Além dos diferentes tipos e prazos de investimentos, você terá que escolher o tipo de rentabilidade do seu investimento. Há, basicamente, três tipos de rentabilidade. É nessa hora que muita gente desiste, achando que está complicando demais. Vou simplificar ao máximo, mas peço que leia com calma e sem pressa, para compreender bem as opções.

- **Rentabilidade prefixada:** Esse é o tipo mais simples e fácil. Investimentos com rentabilidade prefixada são aqueles onde o banco ou a corretora já diz, claramente, qual será o retorno do seu investimento. Pode ser 10% ou 15% ao ano, e se você respeitar as regras do investimento, ao término do prazo, eles pagarão exatamente o que prometeram.
- **Rentabilidade pós-fixada:** Os investimentos com rentabilidade pós-fixada são aqueles em que sua rentabilidade seguirá algum índice, que pode ser a inflação (IPCA), a taxa de juros do Brasil (Selic) ou o CDI, que é um índice que, normalmente, fica 0,1% abaixo da Selic.

Imagine que você invista em um CDB que tem uma rentabilidade igual a 100% da taxa Selic, que é o índice que mede a taxa básica de juros do país. Isso significa que, se a taxa Selic estiver em 8% ao ano, esta será a rentabilidade do seu investimento. Se a taxa subir para 12% ao ano, sua rentabilidade também subirá, pois está atrelada a esse índice. Se o investimento tiver uma rentabilidade atrelada ao CDI de 4,5% ao ano, esta será sua rentabilidade. Se o CDI cair para 3,6% ao ano, esta passará a ser a sua rentabilidade.

Esse tipo de investimento é chamado de pós-fixado, pois sua rentabilidade oscila, conforme a variação do índice a que estiver atrelado. Como esses três índices (IPCA, Selic e CDI) são constantemente alterados, você não consegue ter certeza de qual será a rentabilidade exata.

- **Rentabilidade híbrida:** Este é o caso que junta as duas modalidades acima. Imagine um investimento onde a rentabilidade acompanhará algum índice, mas terá também algum percentual fixo para aumentar seus rendimentos.

Por exemplo, o Governo oferece uma opção chamada Tesouro IPCA. Hoje, esse investimento está sendo ofertado com a rentabilidade IPCA + 5,87%. Isso quer dizer que o retorno desse investimento vai acompanhar a inflação (IPCA), mais um percentual fixo de 5,87%. Se a inflação estiver em 8%, o retorno deste investimento será de 8% + 5,87%, que totaliza 13,87%. Há também investimentos híbridos que prometem uma rentabilidade atrelada ao CDI mais um percentual fixo, que pode ser de 1%, 3%, 6%, e assim por diante.

Como essa parte da rentabilidade é um pouco mais complexa, se preferir, aconselho fortemente a buscar o melhor vídeo do YouTube sobre o assunto, obviamente, no canal *Primo Pobre*: "Como calcular A rentabilidade dos investimentos (Quanto o CDI, SELIC e IPCA dá em dinheiro?)".

É POSSÍVEL SABER QUAL A MELHOR OPÇÃO?

A opção prefixada é a mais prática, mas nem sempre é a opção mais vantajosa. Isso vai depender muito das oscilações dos índices usados nos investimentos pós-fixados.

Vamos supor que eu queira investir mil reais em um CDB por três anos e tenha duas opções: um CDB com rentabilidade prefixada de 8% ao ano e um CDB que paga 100% do CDI, que, no momento, está fixado em 6% ao ano. À primeira vista, eu optaria pelo CDB prefixado, pois ele está rendendo 2% a mais que o pós-fixado. Mas lembra que eu disse que tanto o CDI quanto a taxa Selic e IPCA vivem oscilando para mais ou para menos? Imagine que, seis meses depois, o CDI suba para 10% ao ano e, alguns meses depois, suba novamente e chegue a 12% ao ano. Se eu optei pelo CDB prefixado, minha rentabilidade continuará sendo de 8% (pois é prefixada), enquanto o CDB pós-fixado agora estará rendendo 4% a mais que a opção que escolhi.

O contrário também pode acontecer. Imagine que haja duas opções de CDB: um prefixado rendendo 6% ao ano e um pós-fixado rendendo 100% do CDI, que, no momento, esteja em 7% ao ano. À primeira vista, o pós-fixado parece ser melhor, pois está rendendo 1% a mais que o prefixado. Mas digamos que, alguns meses depois, o CDI sofra uma redução e caia para 3% ao ano. Quem optou pelo CDB prefixado continuará com uma rentabilidade fixa de 6% ao ano, enquanto os que optaram pelo pós-fixado terão uma redução em sua rentabilidade.

Para saber qual é a melhor opção, é preciso estudar economia e tentar acompanhar as previsões a respeito do aumento ou redução dos índices IPCA, Selic e CDI. E nem sempre essas previsões são confiáveis.

Quando você for investir, provavelmente se deparará com essas opções e terá que escolher uma delas. Mas não se preocupe com tantas variáveis.

Com o tempo, você aprenderá a analisar as melhores opções. Como todas pertencem ao grupo de renda fixa, pode ser que uma renda um pouco mais, outra renda um pouco menos. Se quiser iniciar logo, procure um investimento com liquidez diária, pois, assim, você poderá sacar o valor a qualquer momento, se achar algo melhor. Algumas opções são as contas digitais, os CDBs com liquidez diária e o Tesouro Selic, que é a opção do Tesouro Direto com liquidez diária.

Agora, você poderá responder às três perguntas:

01) *Você está disposto a correr riscos?* Se não estiver ou se estiver começando agora, opte por investimentos de renda fixa. Se estiver disposto aos riscos, comece a estudar os investimentos de renda variável.

02) *Por quanto tempo você deseja investir?* Escolha uma opção com prazo compatível com a sua meta. Caso possa precisar do dinheiro a qualquer momento, opte por um investimento com liquidez diária.

03) *Que tipo de rentabilidade você procura?* Se quiser um investimento com rentabilidade pré-definida, escolha uma opção prefixada. Se preferir um investimento que acompanha a inflação ou a taxa de juros do país, opte por uma opção pós-fixada. E se quiser um pouco de cada, escolha uma opção híbrida.

SE A RENDA FIXA É MAIS SEGURA, POR QUE ALGUÉM INVESTIRIA NA RENDA VARIÁVEL?

Essa é uma boa pergunta. Se os investimentos de renda fixa sempre trazem resultados positivos e aumento do seu dinheiro, enquanto os de renda variável podem apresentar resultados positivos ou negativos, por que alguém preferiria investimentos de renda variável?

Acontece que, geralmente, os investimentos de renda variável têm um potencial de crescimento muito maior que os de renda fixa. O bom dos investimentos de renda fixa é que eles sempre te darão lucro, mas, por outro lado, a não ser que a taxa de juros do país aumente drasticamente, será raro encontrar investimentos que façam seu dinheiro crescer mais que 15% ao ano. É possível, mas é mais difícil. Já os investimentos de renda variável são inconstantes, podem dar lucro ou prejuízo, mas, em compensação, alguns deles podem valorizar mais de 100% em um único dia.

É por isso que, no mundo dos investimentos, há duas máximas muito importantes:

Quanto maior a rentabilidade que você deseja, maior o risco que você deve se expor.

Quanto maior a rentabilidade que você deseja, mais tempo de estudo e preparo deverá ter.

TIPOS DE INVESTIMENTOS DE RENDA VARIÁVEL

Com relação à renda variável, reforço que são opções que, normalmente, podem ter uma rentabilidade maior que a renda fixa, mas, em compensação, quem investe nelas está sujeito a perdas, pois pode haver oscilações positivas ou negativas nessas aplicações. Desta forma, as opções abaixo são voltadas para pessoas que buscam uma rentabilidade maior, mas que aceitam a possibilidade de perder dinheiro e sair no prejuízo, uma vez que esses investimentos podem ser bem voláteis e, muitas vezes, imprevisíveis.

AÇÕES

Talvez esse seja o investimento de renda variável mais comum, e até quem nunca investiu nele pelo menos já ouviu falar. Uma ação é como se fosse um pequeno pedaço de uma empresa, e, quando você compra esse pedaço, se torna sócio da empresa. Imagine que você tem uma empresa e está atrás de recursos para investir e fazer a companhia crescer ainda mais. Em vez de pedir dinheiro emprestado para os bancos, você faz um negócio chamado "abertura de capital", que é quando você torna possível para as pessoas comprarem um pequeno pedaço da empresa (ações); com isso, esses compradores passam a ser donos de um pedacinho dela e você tem os recursos para fazer sua empresa crescer.

Desta forma, se você comprar ações de uma empresa e essa empresa crescer e valorizar ainda mais, aquele pedacinho dela que você comprou também vai valorizar e você se dará bem com isso. Por outro lado, se acontecer algum problema interno na empresa ou alguma crise que faça com que essa empresa entre em prejuízo, aquele pedacinho que você comprou vai desvalorizar e passar a valer menos do que antes.

Por isso, quando comprar ações de uma empresa, você deve analisar diversos fatores: se é uma boa empresa, se o ramo dela tem futuro ou se é algo que poderá não existir mais daqui a alguns anos, para não correr o risco de investir seu dinheiro em uma empresa que, em breve, pode vir à falência.

FUNDOS IMOBILIÁRIOS

Investir em imóveis é o desejo de grande parte dos brasileiros, mas nem todo mundo tem 100, 200, 500 mil reais para investir em uma casa ou apartamento. Foi pensando nisso que surgiram os Fundos de Investimento Imobiliário (FII). Imagine que um grupo de pessoas se junte para investir em um imóvel e, depois, todos dividam o lucro daquele empreendimento, recebendo dividendos todo mês. Em vez de você comprar um imóvel inteiro, você compra "parte" deste imóvel, e receberá periodicamente um valor. Assim como ter um imóvel pode te dar lucro ou prejuízo, investir em FIIs também abre margem para esses riscos, conforme a valorização ou desvalorização do imóvel ou conforme a adimplência ou inadimplência (calote) dos locatários do imóvel em questão. Apesar dos riscos, investir em FIIs é um dos investimentos de renda variável mais indicados para iniciantes, devido às menores oscilações desse tipo de negócio.

INVESTIMENTOS EM DÓLAR

Sabemos que o Brasil sofre com as constantes mudanças políticas a cada quatro anos. Presidentes vêm e vão, e muitas pessoas se preocupam com essa instabilidade política e econômica da nação. Pensando nisso, é possível investir parte do seu dinheiro em investimentos ou moedas internacionais, como o dólar ou o euro. Também é possível investir em ações de empresas estrangeiras, como a Amazon, o Google e a Microsoft. Mas assim como o dólar apresenta oscilações ao longo do tempo, esses investimentos podem gerar lucros ou prejuízos.

CRIPTOMOEDAS

As criptomoedas são ativos digitais, do tipo que você não pode tocar. Imagine uma forma de dinheiro que não existe em papel, apenas no mundo virtual. Apesar de essa ideia parecer futurista demais, hoje em dia, já existem diversos países e milhares de grandes empresas que utilizam as criptomoedas como meio de pagamento, principalmente o Bitcoin, que foi a primeira e é até hoje a principal criptomoeda do mundo. Esse assunto é complexo e não pretendo me alongar nele, pois, para explicar tudo isso, precisaria de ao menos umas 50 páginas. Se você quiser se aprofundar, tem uma playlist no meu canal com dezenas de aulas sobre criptomoedas, mostrando como elas podem ser incrivelmente promissoras, mas, ao mesmo tempo, extremamente arriscadas, se você fizer algo sem estudar antes sobre o assunto. Acesse as aulas pelo QR CODE acima.

Como podemos ver, o mundo dos investimentos é bem vasto e há muito mais do que eu disse aqui, mas cuidado para não querer aprender tudo de uma vez e acabar não investindo em nada. Minha sugestão é que você dê um passo de cada vez. Primeiro, dê atenção aos investimentos de renda fixa, dedique uma semana para aprender tudo sobre o Tesouro Direto; na semana seguinte, avance para os CDBs. Vá caminhando aos poucos, para não virar uma bola de neve extremamente confusa. Há muito material gratuito sobre investimentos na internet, assim você poderá se aprofundar no assunto. Quem sabe um dia, a depender do sucesso das vendas deste meu primeiro livro, eu escreva outro, ensinando mais sobre investimentos.

Mas não espere por isso. Dê um Google, compre um livro e já vá aprendendo a investir, pois quanto antes você começar, mais rápido alcançará sua liberdade e independência financeira.

CONCLUSÃO

ATÉ QUE ENFIM!

Chegamos ao fim do livro. Se você gostou, deixa o lik.... Ops, esquece. Não estamos no YouTube. Mas saiba que foi um prazer imenso (e exaustivo) escrever e compartilhar com você as dicas e ensinamentos que aprendi desde a minha adolescência e que me possibilitaram viver minha juventude ganhando pouco, mas sem ser um pobre todo cagado nas dívidas. São exatamente essas dicas que têm ajudado milhares de pessoas que acompanham o meu canal a deixarem de ser pobres.

Há muitos outros assuntos que eu gostaria de escrever aqui, mas não queria que esse livro ficasse longo demais, para não assustar os não amantes da leitura, então tive que filtrar alguns assuntos.

Há alguns meses, fiz uma postagem de humor no meu Instagram:

O Ministério da Economia adverte: quem assiste às aulas do Primo Pobre, mas não faz o que ele ensina, não muda de vida e continua na pobreza.

O mesmo posso dizer sobre esse livro. Por mais que você leia todas as páginas, se não se propuser a trabalhar mais, fazer renda extra por um período para otimizar a sua renda, viver de maneira mais simples, abominar a ostentação e investir uma parte do que ganha todo mês, nada mudará. Será como eu, que vivia me lastimando por não saber fazer arroz, até o dia que resolvi encarar a realidade e mudar esse cenário.

É possível mudar de vida e enriquecer, mas vai exigir esforço e sacrifício da sua parte. O lado bom é que esse esforço pode se prolongar por apenas 6 meses, 12 meses, no máximo 24 meses, e proporcionará uma vida de qualidade pelo resto dos seus dias, para você e sua família. Acredito que seja uma troca justa.

Obrigado por tudo. E não precisa chorar só porque o livro acabou. É só se inscrever no canal *Primo Pobre* e me seguir no Instagram, para poder desfrutar dos meus doces ensinamentos e reflexões e da minha suave voz de corneta todos os dias.

Valeu! =)

BÔNUS: IDEIAS PARA RENDA EXTRA

Caso você esteja sem ideias, há um vídeo no meu canal em que compartilho 52 sugestões de renda extra que qualquer pessoa pode fazer. Você pode acessá-lo pelo Qr Code ao lado.

REFERÊNCIAS

1. *Primo Rico* é o nome do canal do educador financeiro Thiago Nigro.

2. Inscreva-se: www.youtube.com/@pobreshow

3. https://valorinveste.globo.com/objetivo/aposentadoria/noticia/2021/01/13/teto-do-inss-sobe-mais-que-salario-minimo-pela-4a-vez-em-cinco-anos.ghtml https://www.correiodopovo.com.br/not%C3%ADcias/economia/sal%C3%A1rio-m%C3%ADnimo-de-aposentados-do-inss-ser%C3%A1-de-r-1-302-sem-adicional-1.972029

4. Atos 20:35 – Bíblia Sagrada

5. Famosa avenida na cidade de São Paulo, onde se concentram as sedes de grandes empresas do setor financeiro.

6. Morgan Housel. *A psicologia financeira: lições atemporais sobre fortuna, ganância e felicidade*. São Paulo: HarperCollins, 2021.

7. James S. Hewett, *Illustrations Unlimited* (Wheaton: Tyndale House Publishers, Inc, 1988) p. 16.

8. George S. Clason. O *homem mais rico da Babilônia*. São Paulo: HarperCollins, 2017.

9. https://www.estadao.com.br/brasil/mega-virada-2022-menino-acerta-numeros-mas-mae-nao-faz-aposta-nprm/#:~:text=O%20garoto%20da%20cidade%20de,Alexandre%20Formiga%2C%20de%2028%20anos.

10. T. Harv Eker. *Os segredos da mente milionária: Aprenda a enriquecer mudando seus conceitos sobre o dinheiro e adotando os hábitos das pessoas bem-sucedidas*. Rio de Janeiro: Editora Sextante, 2006.

11. *Professor Mira*. Mira no Básico – Aula 1 – Reserva de emergência, dívidas e metas [vídeo]. Disponível em: https://www.youtube.com/watch?v=NnL_vt8y-XE.

12. Napoleon Hill. *Mais esperto que o diabo: O mistério revelado da liberdade e do sucesso*. São Paulo: Citadel Grupo Editorial, 2015.

13. https://michaelis.uol.com.br/moderno-portugues/busca/portugues-brasileiro/divida

14. T. Harv Eker. *Os segredos da mente milionária: Aprenda a enriquecer mudando seus conceitos sobre o dinheiro e adotando os hábitos das pessoas bem-sucedidas*. Rio de Janeiro: Editora Sextante, 2006. p. 79

15. https://www.cnnbrasil.com.br/economia/com-78-das-familias-endividadas-taxa-fica-estavel-em-marco-aponta-pesquisa/

16. https://valorinveste.globo.com/produtos/credito/noticia/2023/04/20/brasileiros-tentam-quitar-dividas-mas-juros-e-inflacao-atrapalham-a-saida-da-inadimplencia.ghtml

17. A falta de dinheiro entre causas de depressão e suicídio. Rh pra Você, 28

de outubro de 2021. Disponível em: https://rhpravoce.com.br/colab/a-falta-de-dinheiro-entre-causas-de-depressao-e-suicidio/

18. Ir à falência: veja os principais motivos e como evitá-los. Serasa Experian, 12 de junho de 2020. Disponível em: https://empresas.serasaexperian.com.br/blog/ir-a-falencia-veja-os-principais-motivos-e-como-evita-los/.

19. https://www1.folha.uol.com.br/mercado/2022/10/quase-37-dos-trabalhadores-recebem-ate-1-salario-minimo-no-brasil.shtml

20. T. Harv Eker. *Os segredos da mente milionária: Aprenda a enriquecer mudando seus conceitos sobre o dinheiro e adotando os hábitos das pessoas bem-sucedidas*. Rio de Janeiro: Editora Sextante, 2006.

21. O Brasil é o 2º país que mais passa tempo na Internet e também o 3º que mais usa redes sociais. Tudocelular.com. 23 de setembro de 2021. Disponível em: https://www.tudocelular.com/seguranca/noticias/n179995/brasil-pais-que-mais-usa-redes-sociais.html.

22. Gustavo Cerbasi. *Casais inteligentes enriquecem juntos*. Rio de Janeiro: Editora Sextante, 2014. p. 138

23. https://oglobo.globo.com/economia/noticia/2022/08/quase-80percent-das-familias-brasileiras-tem-divida-maior-patamar-em-12-anos-mostra-pesquisa.ghtml

24. https://g1.globo.com/economia/noticia/2022/11/17/inadimplencia-atinge-684-milhoes-de-brasileiros-em-setembro-nona-alta-consecutiva.ghtml

25. Redação Mundo Estranho. Qual a diferença entre jumento, mula, burro, jegue e asno? *Superinteressante*. 18 de abril de 2011. Disponível em: https://super.abril.com.br/mundo-estranho/qual-a-diferenca-entre-jumento-mula-burro-jegue-e-asno.

26. https://michaelis.uol.com.br/moderno-portugues/busca/portugues-brasileiro/ostentar/

27. Morgan Housel. *A psicologia financeira*. São Paulo: HarperCollins, 2021. p. 126

28. Janaina de Camargo. Energia elétrica: Brasil é o 2º país com a conta mais cara no mundo. *Money Times*. 20 de julho de 2022. Disponível em: https://www.moneytimes.com.br/energia-eletrica-brasil-e-o-20-pais-com-a-conta-mais-cara-no-mundo/.

29. Amanda Garcia, Bel Campos. IPEC: 46% dos brasileiros gastam mais da metade da renda em contas de luz e gás. CNN Brasil. 4 de janeiro de 2022. Disponível em: https://www.cnnbrasil.com.br/economia/ipec-46-dos-brasileiros-gastam-mais-da-metade-da-renda-em-contas-de-luz-e-gas/.

30. Gastos com automóvel são a segunda maior despesa anual dos brasileiros. *Mercado & Consumo*. 23 de janeiro de 2023. Disponível em: https://mercadoeconsumo.com.br/23/01/2023/economia/gastos-com-automovel-sao-a-segunda-maior-despesa-anual-dos-brasileiros/.

31. George S. Clason. *O homem mais rico da Babilônia*. São Paulo: HarperCollins, 2017.

32. T. Harv Eker. *Os segredos da mente milionária: Aprenda a enriquecer mudando seus conceitos sobre o dinheiro e adotando os hábitos das pessoas bem-sucedidas*. Rio de Janeiro: Editora Sextante, 2006. p. 152.

33. Idem. p. 154.

34. O que é o Minha Casa, Minha Vida. *Caixa Econômica Federal.* Disponível em: https://www.caixa.gov.br/voce/habitacao/minha-casa-minha-vida/urbana/Paginas/default.aspx#:~:text=Fam%C3%ADlias%20com%20renda%20bruta%20de%20R%24%204.400%2C01%20at%C3%A9%20R,7%2C16%25%20a.a.4.

35. Cálculos feitos no simulador do site https://www.idinheiro.com.br/calculadoras/calculadora-financiamento-price/

36. Morgan Housel. *A psicologia financeira: lições atemporais sobre fortuna, ganância e felicidade*. São Paulo: HarperCollins, 2021.

37. Conteúdo disponível no curso *Carta do pai rico, pai pobre* de Robert Kiyosaki.

38. Duty-free são lojas que ficam dentro dos aeroportos e vendem produtos de beleza, eletrônicos e outros com isenção de alguns impostos.

39. John Blanchard. Pérolas para a Vida. Editora Vida Nova, 1993.

40. John Blanchard. *Pérolas para a Vida*. Editora Vida Nova, 1993.

41. https://www.pensador.com/frases_jim_carrey/#:~:text=O%20efeito%20que%20voc%C3%AA%20tem,moeda%20mais%20forte%20que%20existe.

42. https://www.seudinheiro.com/2023/patrocinado/empiricus/recorde-poupanca-perde-r-103-bilhoes-brasileiros-tiram-dinheiro-da-caderneta-e-e-hora-de-voce-fazer-o-mesmo-saiba-como-encontrar-investimentos-mais-lucrativos-lbrdgf089/

WILLIAM RIBEIRO
PREFÁCIO POR EDUARDO FELDBERG (PRIMO POBRE)
14 DIAS
O guia essencial para o investidor iniciante
para se tornar um INVESTIDOR
mqnr
WILLIAM RIBEIRO 14 DIAS PARA SE TORNAR UM INVESTIDOR
mqnr

YouTube:
@primopobre | @pobreshow

Instagram:
@eduardofeldberg

TikTok:
@eduardofeldberg

Meu site:
eduardofeldberg.com.br

Meu WhatsApp:
(11) 9.9999-9999 (Abraça...)

Esta obra foi composta por Maquinaria Editorial nas famílias
tipográficas Balboa, Providence Sans e FreightText Pro.
Impresso pela gráfica Coan em julho de 2025.